Clinicar na Atualidade

Sofrimentos precoces e patologias ao longo da vida

Clinicar na Atualidade

Sofrimentos precoces e patologias ao longo da vida

Vera Lúcia Silva Prazeres

c coleção
c clínica
p psicanalítica

Artesã

Clinicar na Atualidade:
Sofrimentos precoces e patologias ao longo da vida

1ª Edição – 1ª reimpressão 2025

DIRETOR
Alcebino Santana

CAPA
Artesã Editora

DIREÇÃO DE ARTE
Tiago Rabello

DIAGRAMAÇÃO
Conrado Esteves

REVISÃO
Maria Luisa da Silva

P921 Prazeres, Vera Lúcia Silva.
Clinicar na atualidade : sofrimentos precoces e patologias ao logo da vida / Vera Lúcia Silva Prazeres. – Belo Horizonte : Artesã, 2022. – (Clínica psicanalítica).
216 p. ; 21 cm.

ISBN: 978-85-7074-057-1

1. Psicopatologia. 2. Psicanalistas. 3. Estudantes. 4. Saúde. 5. Educação. 6. Adultos. 7. Profissionais. I. Título.

CDU 159.97

Catalogação: Aline M. Sima CRB-6/2645

IMPRESSO NO BRASIL
Printed in Brazil

(31)2511-2040 (31)99403-2227
www.artesaeditora.com.br
Rua Rio Pomba 455, Carlos Prates - Cep: 30720-290 | Belo Horizonte - MG
/artesaeditora

Dedicatória

Ao Rapha, que pequenininho me disse: “Mamãe, nosso amor é inabalável”. Nos momentos mais instáveis da vida, tenho essas palavras onde me segurar! Foi ele quem primeiro disse: “Está na hora de você escrever um livro, passar para o papel um pouco da sua experiência como analista e professora”. O Rapha é uma prova de que nascer e crescer com o amor e o desejo inabaláveis de seus pais e de outros que também o amam constitui a base para a formação de um ser desejante, criativo, capaz de dar e receber amor e de ser feliz. Lembrando Freud: “Como fica forte uma pessoa quando está segura de ser amada”. A esse magnífico psicanalista, Raphael Silva Prazeres, dedico não apenas este livro, mas também o meu amor e a minha vida.

Ao Paulo, meu marido, companheiro de todas as horas, das aventuras e desventuras da vida, grande amor e incansável incentivador desta obra. A esse magnífico psicanalista, Paulo Sergio dos Prazeres, dedico não apenas este livro, mas também o meu amor e os nossos sonhos, os já realizados e os que estão na fila!

Aos meus pais e a Deus, pois juntos formaram a equipe perfeita para me trazer ao mundo e fazer de mim o que sou, com o cuidado quase psicanalítico de manter as imperfeições necessárias!

Aos meus irmãos, presentes que ganhei da equipe homenageada acima, solidários desde sempre e em tudo, inclusive na jornada para chegarmos a esta obra.

Aos meus sobrinhos, presenças encantadoras em minha vida!

À Dinha, melhor exemplo vivo, e bem vivo aos 92 anos, de que "o jeito é seguir trabalhando"!

Aos meus netos, que estão por vir, e já moram e brincam felizes em meu desejo!

Agradecimentos

Ao Rapha, inspiração de vida e de todas as minhas obras!

Ao Paulo, que aceitou com carinho prefaciar este livro.

Aos meus irmãos: à Lu, minha irmã e linguista com o dom de compreender nossas linguagens. Escolhida com alegria para ser a revisora deste livro, não apenas por ser a melhor, mas também pelos nossos momentos juntas. Sem o seu apoio, tudo seria mais difícil e menos encantador. À Rosana, amor incondicional e incentivadora de sempre! À Márcia, presença constante e amorosa, cuidando de tudo para que este livro saísse a tempo! Ao Zico, este que é nosso esteio sempre!

Aos meus pais, que lutaram de todas as formas para garantir nossa sobrevivência e nossos estudos, dando um valor incomensurável ao conhecimento e à sabedoria.

Ao Leo, grande conselheiro, aquele que fez a bênção do casamento, o batizado do Rapha, a bênção das Bodas de Prata, meu orientador de mestrado e incentivador constante de meu crescimento pessoal e profissional.

Ao Alcebino, sua equipe e editora, pelo convite para escrever e publicar este livro e por todas as parcerias de sempre!

Aos meus amigos, que tornam a vida mais leve!

Àqueles que além de amigos são excelentes médicos e psicanalistas, em especial a Olguinha, a Vanessa e o Paulo Nunes, pela vontade declarada de ler um livro meu e pelas trocas sustentadas nas experiências clínicas de cada um.

Aos meus pacientes, os pequenininhos, ainda na barriga ou recém-chegados do lado de cá; aos que estão na infância ou saindo dela; aos que vivem a adolescência ou a vida de gente grande, e também àqueles que já chegaram na idade madura. Aos pais, sempre participantes. A todos, por me permitirem conquistar essa experiência vasta na honrosa tarefa de conduzi-los ao melhor de si mesmos e de suas vidas, de contribuir para seu engajamento com o desejo e o prazer de viver.

Aos meus alunos e supervisionandos, que me mantêm firme e feliz na tarefa da transmissão da clínica, o que faço com visível prazer!

Aos meus analistas, que em diversos momentos fizeram em mim transformações que permitem ir mais longe nesse mesmo desafio com meus pacientes.

Aos grandes mestres da psicanálise, que já percorreram uma parte da estrada e com sabedoria deixaram muitos caminhos a serem trilhados, alguns a seguir, outros a serem inventados.

A todos aqueles que de alguma forma contribuíram para a realização desta obra.

O meu conhecimento vem da infância. É a percepção do ser quando nasce. O primeiro olhar, o primeiro gesto, o primeiro toque, o cheiro, enfim. Todo esse primeiro conhecimento é o mais importante do ser humano.

(Manoel de Barros)

Sumário

Prefácio

Ao ler este livro encontraremos uma escrita consistente sobre uma prática clínica contemporânea, desenvolvida pela autora, Vera Lúcia Silva Prazeres, de forma ininterrupta ao longo de trinta anos. O que se encontra nesta obra é a exposição rigorosa de sua prática clínica, sustentada por construções teóricas aplicadas no cotidiano de seus atendimentos, sempre ao lado de boas autoras e bons autores da psicanálise brasileira ou mundial. Há uma garimpagem sensível da Vera, que nos indica a reflexão e a consolidação presente em seu esmerado trabalho. Aos interessados neste livro, a articulação de conhecimentos sobre adoecimentos contemporâneos e a vida mental infantil é uma luz que permite o reconforto de qualquer sujeito quando está em sofrimento em um momento histórico de várias incertezas subjetivas. A leitura destas páginas com suas indicações sobre conduções na clínica das ansiedades, das depressões e do risco de suicídio ganha força com a leitura dos primeiros capítulos sobre a evolução da clínica, o psiquismo pré-natal e perinatal, o psiquismo antes e depois da linguagem, a maternagem e a paternagem e os marcadores clínicos decisivos para o estabelecimento das diretrizes terapêuticas, que culminam com as noções, nos capítulos finais, sobre diagnóstico, raciocínio clínico e tratamento. Essa forma de abordar o psiquismo humano tem o potencial de responder à expectativa de leitoras e leitores especialmente na construção de escutas e intervenções sensíveis e de efetiva transformação dos sujeitos que as recebem. O aprofundamento no inconsciente humano, como a autora propõe, nos leva a aprimorar a maneira de escutar a vida de todos nós, permitindo que nos encontremos com o nosso desejo de bem escutar e bem dizer da forma mais flutuante e livre possível. A obra traz direções, mas nos deixa livres na caminhada, sustentados pela ética, na busca de nossos desejos e de nosso estilo na clínica e na construção de novas formas de superação do mal-estar e dos sofrimentos psíquicos da atualidade.

Paulo Sergio dos Prazeres
Psicanalista, professor, mestre em Saúde Pública pela UFMG, psicólogo do SUS, membro da Freuden – Clínica, consultoria, ensino e pesquisa.

Apresentação

O que mudou na clínica da atualidade?

Estamos diante de novas formas de subjetivação, novas ordenações simbólicas e novos modos de apresentação da dor e do sofrimento. Recebemos, no cotidiano da clínica, pacientes que, quando confrontados com acontecimentos que deflagram a sua insuficiência de recursos psíquicos, são colocados em contato com uma sensação de descontinuidade entre sua vida antes e sua vida após esses acontecimentos disparadores de uma fragilidade até então compensada. Diante de queixas difusas sobre dificuldades concernentes ao tempo, ao espaço, ao ritmo e à identidade, ao sentimento de desertificação e vazio, à labilidade dos laços afetivos, à dificuldade de viver que se traduz em perturbações psicossomáticas, depressivas e ansiosas, podendo tudo isso se associar a ideações e tentativas de autoextermínio, precisamos desenvolver um novo raciocínio clínico que associe esses sofrimentos e perturbações vivenciados pelos pacientes ao longo da vida com os acontecimentos da gestação e da infância. Isso é fundamental para podermos fornecer a eles os elementos aparentemente inexistentes ou desconexos de sua vida e que os fazem se sentirem muitas vezes desertados e expropriados de sua própria história.

Assim, na clínica da atualidade, devemos somar às referências teóricas clássicas e seus respectivos operadores clínicos os novos conhecimentos e operadores clínicos necessários para lidarmos com os sujeitos portadores de desordens que se situam em um ponto anterior às problemáticas edípicas, referindo-se muito mais às problemáticas relativas à constituição do narcisismo e anteriores à aquisição da linguagem.

O leitor encontrará neste livro um suporte prático e teórico para a atuação clínica com pacientes em todas as etapas da vida, desde bebês até adultos, nos campos da prevenção e do tratamento dos sofrimentos psíquicos mais frequentes na atualidade, especialmente ansiedades, depressões e risco de suicídio. As diretrizes para a conduta clínica são apresentadas de uma maneira inovadora, estabelecendo, na interface entre a psicanálise e os novos conhecimentos das neurociências, as conexões entre os sofrimentos precoces e as patologias ao longo da vida, mostrando de que forma as falhas ou insuficiências ocorridas na gestação e na infância comprometem a instalação das funções psíquicas necessárias ao desenvolvimento saudável. A gravidade dos eventos iniciais quanto ao seu potencial traumático é avaliada em relação à aquisição dos principais marcadores clínicos da constituição da subjetividade.

Esta obra nos convida a exercermos a belíssima tarefa de conduzirmos a direção da clínica, construindo com o paciente as condições de desinvestimento de seus sintomas. Isso produz no sujeito maior vitalidade e prazer de viver.

Menos ocupado de seus sintomas, ele pode se ocupar mais de seus desejos e se extraviar menos dos caminhos que o conectam com seus sonhos.

Este livro é fruto de um trabalho realizado ao longo de três décadas de atuação no atendimento em consultório, na supervisão e na formação de psicólogos e psicanalistas, marcado sempre pela interlocução entre diferentes bases teóricas, pela articulação entre a teoria e a prática e pela vivência de uma clínica rica e variada. Aqui, psicanalistas, profissionais ou em formação, profissionais e estudantes da educação, da psicologia e demais áreas da saúde, especialmente da pediatria, encontrarão fundamentos teóricos e diretrizes práticas capazes de guiá-los no estabelecimento de raciocínios clínicos e intervenções quando os que sofrem precisam de nós.

Vera Lúcia Silva Prazeres

Belo Horizonte, junho de 2022

Eu queria avançar para o começo.
Chegar ao criançamento das palavras.
(Manoel de Barros)

Parte I

TEORIA E PRÁTICA CLÍNICA: DA VIDA INTRAUTERINA À VIDA ADULTA

1
A clínica do século XX e a clínica do século XXI

Cada modo de organização da sociedade expõe o sujeito a diferentes sofrimentos e modos de subjetivação, implicando também em diferentes prevalências nos modos de adoecimento de sua população.

> O Brasil lidera o *ranking* mundial dos transtornos mentais considerados as 'doenças do século XXI', de acordo com dados da última estimativa da Organização Mundial da Saúde (OMS), de 2017. Ocupamos a primeira posição em prevalência de ansiedade, com mais de 18 milhões de pessoas sofrendo desse transtorno no país. Isso equivale a 9,3% da população brasileira. O país também figura no segundo lugar mundial em casos de depressão: são 11 milhões de brasileiros com a doença. [...] 'A sociedade está ficando cada vez mais individualista, há uma pressão muito grande por performance e as pessoas acabam vivendo sozinhas em cidades grandes. As interações estão cada vez menos sociais e mais digitais, há menos apoio da comunidade e muitas pessoas estão longe das suas famílias' [...] é impossível desvincular o aumento dos

> casos de transtornos mentais da reestruturação produtiva ocorrida a partir da década de 1970. [...] Foi nessa mesma década que surgiram as primeiras publicações científicas sobre a síndrome de *burnout*, fenômeno ocupacional resultante do estresse crônico no espaço laboral. Hoje em dia, a estimativa é de que 30% dos trabalhadores brasileiros sofram dessa síndrome. [...] 'Os isolamentos, todos eles, são nefastos para a saúde da condição humana'. (Xavier; Silva, 2020)

A diversidade de diagnósticos clínicos, passível de ser observada pela análise dos DSMs (Manuais Diagnósticos e Estatísticos de Transtornos Mentais) ao longo dos anos, e o consumo crescente de medicamentos fornecem um retrato da pluralidade e da labilidade típicos da pós-modernidade.

O cotidiano do consultório mudou, e o que nos chega a cada momento é reflexo de todas essas mudanças nos modos de organização das famílias, do trabalho e da sociedade. As queixas predominantes giram em torno do cansaço crônico, do trabalho entediante, excessivo e estressante, do esvaziamento do sentido de viver, das perturbações psicossomáticas, da superficialidade das relações e do sentimento de solidão, da depressão e da ansiedade, da dificuldade para dormir e para acordar, para se desvencilhar de condutas aditivas com a alimentação, do uso excessivo de tecnologias e do consumo alienado. É tudo muito difuso e limítrofe, provocando uma depleção do prazer de viver.

A pluralização do Nome-do-Pai, que pode ser observada pelos seus efeitos nas subjetividades contemporâneas, trouxe mudanças significativas para a clínica do século XXI. "[...] a psicanálise de orientação lacaniana e, possivelmente, outras orientações, se dão conta de que a ordem simbólica no século XXI não é mais o que era." (Assad; Ferreira, 2019, p. 68)

> As três fontes que colocariam o conceito [de pluralização do Nome-do-Pai] sob suspeita seriam: o último ensino de Lacan, que pluralizou os Nomes-do-Pai; a emergência dos novos sintomas, que desafiam um diagnóstico estrutural preciso; e a decadência das figuras de autoridade no mundo social. [...] Numa perspectiva mais teórica, a evolução do pensamento de Lacan parece ter concedido ao conceito em exame um estatuto cada vez mais secundário, já que em seu último ensino a presença ou ausência do Nome-do-Pai não constituiriam mais a principal baliza a orientar o diagnóstico e a direção do tratamento, mas sim, a localização de um ponto de "basta" no atamento dos três registros – o real, o simbólico e o imaginário. Isso torna legítimo indagarmos qual o impacto de tais mudanças sobre a concepção estrutural. Na perspectiva clínica o Nome-do-Pai também se vê questionado, uma vez que os sintomas contemporâneos parecem desafiar o diagnóstico estrutural. De fato, as manifestações sintomáticas encontradas pelos analistas já não atendem aos parâmetros clássicos de uma neurose e de uma psicose. (Lustoza; Calazans, 2010, p. 557-558)

Precisamos levar em consideração também as mudanças nas condições que precedem a efetivação dessa operação da função paterna. Para que a função paterna possa se instalar, é preciso que haja uma função materna sobre a qual a função paterna intervenha. Se na pós-modernidade nem bem essa função materna tem sido apropriadamente instalada, de que forma a função paterna incide sobre uma primeira estruturação já deficitária?

Assim, além do esfacelamento da função paterna, precisamos abordar também o esfacelamento da função materna que a precede, com todas as consequências clínicas de uma estruturação inicial frágil. O esfacelamento da função materna tem trazido efeitos devastadores, prejudicando a aquisição das funções que antecedem a função paterna, em especial aquelas relacionadas às funções identitárias.

A terceirização precoce da maternagem, o uso excessivo dos dispositivos eletrônicos no cotidiano das famílias, o modo de vida acelerado, a violência, a instabilidade nas relações, a falta de constância objetal no primeiro ano de vida, a diminuição do tempo de qualidade com os filhos, entre outros fatores, têm contribuído para os comprometimentos associados à função materna, predispondo o indivíduo desde muito cedo a patologias ao longo da vida em função das fragilidades sofridas no início da vida.

Em nossa prática clínica, diante de novas subjetividades e desordens, não podemos insistir em responder apenas com referências técnico-teóricas desenvolvidas em outras épocas, para outros modos de subjetivação e patologias. Precisamos ampliar nossos recursos para as novas realidades que se nos apresentam.

> Os novos sintomas parecem colocar um problema para a antiga clínica estrutural, uma vez que diante deles os antigos esquemas semiológicos que permitiam ao clínico fazer o diagnóstico diferencial têm-se revelado insuficientes. [...] Ademais, as transformações não afetaram somente as psicoses: a própria neurose parece ter assumido novas formas, que a tornam mais resistente ao assédio da interpretação analítica e dificultam a manobra da transferência, exigindo novas estratégias interpretativas. (Lustoza; Calazans, 2010 p. 561)

O psicanalista não deve recuar diante da demanda do paciente de superar seu sofrimento e precisa se reinventar para acompanhar os alcances da psicanálise no século XXI.

A técnica da associação livre, por exemplo, é questionável no tratamento das patologias pré-edípicas, muito frequentes na pós-modernidade, pois não tem a mesma eficácia de quando aplicada ao tratamento das patologias pós-edípicas. Os pacientes portadores de patologias pré-edípicas não conseguem, pelo menos por um bom tempo de tratamento, associar livremente, e a insistência do analista nessa técnica resulta geralmente na inoperância do processo e na desistência por parte do paciente.

O atendimento *on-line*, uma realidade que não poderia existir antes da tecnologia que a viabiliza e que, especialmente a partir da pandemia de covid-19, passou a ser utilizado com uma frequência bastante alta, exigiu algumas reformulações do enquadre, mas a escuta clínica está ali, tal como no atendimento presencial. Volta, na tela, o face a face, e inclusive com o analista vendo a sua própria face, como se tivesse diante de si um espelho. Apesar da radicalidade da mudança da materialidade do atendimento, o que assegura a sua operância é a experiência subjetiva que transcorre ali, sustentada nos mesmos princípios do atendimento presencial.

A maioria dos casos hoje é marcada por queixas difusas sobre dificuldades concernentes ao tempo, ao espaço, ao ritmo e à identidade, ao sentimento de desertificação e vazio, à labilidade dos laços afetivos, à fragilidade do elã com a vida, à dificuldade de viver que se traduz em perturbações psicossomáticas, depressivas e ansiosas, podendo tudo isso se associar a ideações e tentativas de autoextermínio.

E quais seriam então as fundamentações práticas e teóricas para conduzirmos esses e outros casos que encontramos tão frequentemente na clínica da atualidade, cujas marcas são um vazio, uma inércia do desejo, uma inapetência pela vida? Como abordar os pacientes que apresentam uma sobreadaptação à realidade e uma precariedade simbólica e linguística que os limitam, pelo menos no início do tratamento, em sua capacidade de associar livremente, em sua capacidade imaginativa e até mesmo, muitas vezes, em sua capacidade de nomeação dos afetos e estabelecimento de uma transferência nos moldes habituais das patologias pós-edípicas?

Essas fundamentações práticas e teóricas são construídas a partir do raciocínio clínico que revela as conexões existentes entre os sofrimentos precoces e as patologias ao longo da vida, sustentado pela interface entre a psicanálise e os novos conhecimentos das neurociências. A psicanálise apresenta um dos modelos mais completos das experiências humanas desde a vida intrauterina até a vida adulta, ganhando, com as neurociências, sustentações para além daquelas acessíveis à época de sua criação.

O conceito de epigenética surgiu em 1940, um ano após a morte de Freud. Esse conceito indica que os genes podem ser silenciados ou se expressarem em conformidade com as experiências vividas, o que inclui as experiências afetivas e relacionais. Desde a vida intrauterina, as experiências emocionais interferem na expressão dos genes, podendo alterar a arquitetura e a conectividade cerebral em formação. "A experiência deixa um traço, a plasticidade neuronal é a capacidade de se ter um neurônio e modificar suas conexões em função de uma nova experiência". (Assad; Ferreira, 2019, p. 84) Isso modifica a nossa clínica, pois sabemos que, dentro de certos limites, podemos interferir nas expressões dos genes, podemos provocar a inscrição de novos traços e de novas conexões, fazendo com que o aparelho mental disponha de novas redes significantes que o organizem, que minimizem os efeitos adoecedores da falta de sentido e de conexões entre a experiência vivida e as sensações, afetos e palavras associadas a ela.

Os avanços das neurociências contribuíram muito para a demonstração das inter-relações entre os acontecimentos da vida intrauterina e da infância e seus efeitos ao longo da vida, sobre o que aprofundaremos no decorrer desta obra.

Do ponto de vista da organização da sociedade, no século passado, a perda ou suspensão das referências para regulação das relações eram mais circunscritas às esferas da guerra, e, não havendo guerra, prevalecia uma estabilidade nas vinculações maior do que a encontrada na sociedade atual, chamada sociedade de risco. Hoje o mal é disseminado, a "guerra" é todo dia, a qualquer hora e em qualquer lugar. O perigo, a incerteza e a imprevisibilidade excessivos e a superficialidade das trocas relacionais fazem com que as pessoas permaneçam em níveis elevados de angústia e *stress*, contribuindo para as elevadas taxas de distúrbios relacionados à ansiedade, depressão e somatização.

Outra mudança que podemos observar no século XXI é que, diferentemente do século passado, onde as patologias estavam predominantemente associadas à repressão da sexualidade, hoje o sexual é permitido e disponível, mas o contato com o afeto, sua expressão e sua experiência subjetiva não encontram a mesma facilidade de acesso, representação e compartilhamento.

Se, no século passado, o sexo era frequentemente interditado no campo da experiência e da palavra, hoje a interdição incide muito mais sobre as experiências afetivas e a expressão dos sentimentos, interditadas pela própria cisão de um sujeito que não consegue nomear os sentimentos (o que chamamos alexitimia), carente de recursos psíquicos para o manejo dos afetos, e muitas vezes pelo excesso de medicalização que tende a calar a dor relacionada às experiências afetivas.

Em nossa clínica temos a comprovação de que o sexo acessível no campo do ato mas dissociado do afeto e da simbolização empobrece a vivência da sexualidade e apresenta riscos à subjetividade por contribuir com a fragmentação da experiência vivida.

Uma maior proteção contra o adoecimento é alcançada quando a subjetividade pode se organizar em torno de uma conexão do sexual e erótico com o afetivo e erógeno, do pulsional com o representacional, da regulação da homeostase com o prazer de viver. As dissociações entre esses aspectos provocam formas adoecedoras de se viver, dentro de tramas difíceis de se desvencilhar, que muitas vezes envolvem relacionamentos dessubjetivantes, trabalhos esvaziados de sentido e ritmos de vida robotizantes, arrastando o sujeito para a angústia, o esgotamento, a apatia, o definhamento, a falta de vontade de viver e outras formas de expressões psíquicas e somáticas do sofrimento.

As falhas nas conexões entre o biológico e o simbólico, entre o afetivo e o sexual, entre os automatismos fisiológicos e as trocas lúdicas e de palavras que lhes confiram sentido criam núcleos de vulnerabilidade, pontos de fragilidade que serão acionados quando experiências traumáticas futuras provocarem o efeito da dissociação à qual o sujeito já estava predisposto em função das experiências precoces de fragmentação.

> O estudo da relação entre subjetividade e adoecimento ganhou força com o entendimento, pela psicanálise, de que o corpo é marcado pela história do sujeito e pelo desejo; que é um corpo simbólico e não uma máquina; que as relações entre o que acomete o sujeito e seus adoecimentos nem sempre são de causa e efeito, mas muitas vezes de significação e sentido. (Prazeres, 2006, p. 28)

Seguir adiante sem um trabalho de superação das dissociações provocadas pelas falhas nas vinculações precoces ou por acontecimentos traumáticos com potencial disruptivo pode implicar na evitação da intensidade dos afetos e dos jogos dos desejos presentes nas tramas das relações como uma tentativa de defesa contra o sofrimento. Assim, observamos uma robotização das experiências, um modo automático de viver, que protege o sujeito de entrar em contato com exigências de manejo das angústias provocadas pelo encontro com o outro, mas não o protege da angústia provocada pela encapsulação em si mesmo.

Essa encapsulação não acontece necessariamente com quem esteja fora de uma relação a dois, pois uma pessoa pode ter condições de viver feliz assim, fazendo laços sociais e estabelecendo trocas afetivas diversas. Da mesma forma, estar numa relação a dois não oferece garantia nenhuma de que não se esteja sozinho, e talvez, em alguns casos, sozinho e aprisionado. Quaisquer que sejam as circunstâncias, o sentimento de solidão, de rejeição e de sideração pode alcançar os mesmos efeitos da brutalidade que a experiência da violência é capaz de provocar. A solidão do enclausuramento em si mesmo como uma defesa contra os afetos ou as relações que impõem o preço da autoanulação, bem como outros mecanismos de lesão à subjetividade podem exacerbar o sentimento de exclusão já provocado por uma sociedade com padrões de desempenho, de beleza e de consumo inacessíveis e, portanto, excludentes para a maioria das pessoas.

Somadas, então, às mudanças na organização da sociedade, essas mudanças no campo das relações intersubjetivas vêm nos apresentando novas formas de sofrimento, mal-estar, desordens e patologias.

Precisamos nos perguntar se, com a diminuição da presença física e emocional dos pais no início da vida, com o aumento da violência, com um modo de vida acelerado e dissociado do prazer, com a instabilidade e as pressões de uma sociedade performática e de risco, ainda assim seria possível manter um aparelho mental eficiente no enfrentamento dos efeitos de fragmentação e robotização que esses fatores podem provocar.

Sem uma estruturação inicial consistente, os impactos causados por essas situações podem ter efeitos devastadores, justamente por incidir sobre uma estruturação já deficitária de recursos. Manter um aparelho mental eficiente nesses casos irá exigir um trabalho profundo de reorganização da vida e de ampliação de recursos representacionais para evitar as descargas diretas dos conflitos, aquelas que, em vez de passar pela elaboração, encontram caminhos como passagens ao ato, saídas pelas vias orgânicas ou ainda se expressam por um vazio e dificuldade de existir. Há também os casos em que, mesmo dispondo de uma estruturação inicial satisfatória, a exposição constante e excessiva a fatores de risco pode fragilizar ou esgotar em algum momento os recursos do sujeito.

A estruturação bem sucedida no início da vida, envolvendo fatores emocionais, relacionais e epigenéticos, fornece ao sujeito a potencialidade para o desenvolvimento dos recursos necessários para sua evolução saudável, resultando em um adulto com capacidades criativas, autônomo, vitalizado, com muito mais chances de ser feliz e estabelecer vínculos saudáveis consigo mesmo, com as outras pessoas e com suas atividades laborais e imaginativas.

Os comprometimentos no processo de estruturação do sujeito geram, ao longo de sua vida, uma limitação na capacidade de enfrentamento da instabilidade, imprevisibilidade e descontinuidade características da pós-modernidade e também um empobrecimento de recursos para se engajar nos jogos do desejo e na intensidade das tramas afetivas, mantendo-o numa espécie de desafetação e sobreadaptação como zona de evitação dos afetos, ou então fusionado a ponto de considerar vital uma relação da qual, mesmo sendo adoecedora, não consegue se desvencilhar, em função da angústia de esfacelamento que isso pode mobilizar.

Desenvolver um aparelho mental capaz de enfrentar os efeitos de fragmentação e robotização provocados pela pós-modernidade significa ter a capacidade de manter a coesão egoica à revelia dessa fragmentação do mundo externo, não traduzindo para dentro o caos que a realidade externa apresenta. Mas isso só será possível se não houver um caos interno prestes a ser reativado pelo efeito de reincidência traumática dos acontecimentos capazes de acionar os núcleos de fragilidade deixados pelas falhas e insuficiências precoces, desde a vida intrauterina.

Interromper ou atropelar as etapas do processo de construção da subjetividade pode impedir que se inscreva de forma bem sucedida a função materna, sobre a qual a castração terá que incidir para que se inscreva a função paterna e então o sujeito se inscreva no simbólico, se engaje na linguagem e na cultura. Falhas nesse processo irão implicar na inscrição de fragilidades psíquicas que poderão se traduzir em patologias ao longo da vida. É fator de risco psíquico tanto a triangulação precoce quanto estender por demais a relação dual mãe-bebê.

É necessário passar pela relação dual com a mãe, para depois haver a entrada de um terceiro que provocará a triangulação, interceptando a simbiose mãe-bebê. A essa castração imposta ao bebê, privado, no momento certo, de sua relação de exclusividade imaginária com sua mãe, chamamos castração imaginária. A castração simbólica, que a sucede, promove a inscrição simbólica dessa função de separação, de castração. É quando a Lei passa a ser internalizada e desprendida de seus representantes, antes encarnados pelas figuras da mãe – no primeiro tempo do Édipo – e do pai – no segundo tempo do Édipo. No terceiro tempo do Édipo, a Lei está acima daqueles que a representam, estando seus próprios representantes submetidos a essa mesma Lei, que é a cultura. Submetida, então, à Lei da cultura, inscrita no simbólico e de posse da linguagem, a criança está pronta para a socialização. Por mais variações culturais que possamos ter, essa sequência dada pelo primeiro tempo, segundo tempo e terceiro tempo do Édipo é estruturante e, uma vez atropelada, obstaculizada, estagnada ou não alcançada, alguma patologia irá se instalar. Forçar uma socialização antes que a criança esteja preparada para tal deixará a marca do abandono, tão mais grave quanto mais precoce for e quanto menos terapêuticas de redução de danos forem implementadas. Portanto, até a aquisição simbólica, não significa que a criança não deva conviver fora do núcleo da família e sim que esse convívio, início de socialização, deve ainda ser acompanhado de um adulto assegurador – pai, mãe ou substituto que exerça para a criança essas funções.

Tomando como referência os três tempos do Édipo e a referência central à metáfora paterna, à inscrição do Nome-do-Pai, podemos falar de três categorias clínicas principais, a saber, a neurose, a psicose e a perversão. Na psicose não houve a inscrição do Nome-do-Pai, ou seja, não houve a simbolização da castração, ficando o indivíduo alienado ao desejo materno e não alcançando, a rigor, o estatuto de sujeito desejante. Na perversão houve a incidência da castração imaginária, fazendo com que seja possível o reconhecimento das normatizações da cultura, mas a castração, não simbolizada, tende a ser desmentida, favorecendo a emergência das saídas pela passagem ao ato. "Sedução, intimidação e projecção da culpa constituem a série de actos do comportamento manipulador da personalidade perversa." (Matos, 2012, p. 205) Já no neurótico, que tem como amarração central a inscrição do Nome-do-Pai, houve a simbolização da castração, a inserção na cultura e a internalização da lei.

Nos dias de hoje, embora válidas essas categorias e essa referência teórica central ao Nome-do-Pai, estamos diante de um cenário muito grande de novas patologias, novas formas de subjetivação e novas formas de apresentação da dor, do vazio, do mal-estar ou do sofrimento, que nos levam à inevitável conclusão de que essas referências teóricas com seus respectivos operadores clínicos não são mais suficientes para lidarmos com a clínica atual, e este é o propósito deste livro: apresentar e discutir referências teórico-clínicas aplicáveis aos novos modos de subjetivação e de apresentação da dor, do mal-estar, da dificuldade de viver, do sofrimento, do vazio, e os operadores clínicos necessários para lidarmos com os sujeitos portadores dessas novas desordens. E que desordens são essas?

As desordens predominantes na atualidade, das quais trataremos aqui, são aquelas relacionadas ao abandono, ao esvaziamento do sentido de viver, às ansiedades, às depressões e ao suicídio. Quando esses sofrimentos são presentes e procuram vias de escoamento, poderiam as expressões sublimatórias, o acesso à palavra e o estabelecimento do vínculo terapêutico com o analista favorecer o desenvolvimento das capacidades imaginativas e representacionais, oportunizando a canalização e elaboração das tensões e diminuindo o sofrimento?

Sabemos que em algum momento, por efeito de microtraumatismos crônicos ao longo da vida ou por efeito de um acontecimento de alto impacto traumático, diante de exigências acima dos recursos do sujeito, ele se apresentará doente, seja em suas formas predominantemente físicas ou psíquicas. O que podemos nos perguntar é o que poderíamos fazer para a minimização da frequência e gravidade desses adoecimentos, ofertando ao sujeito vias alternativas a essa para a expressão de suas angústias e conflitos.

Diferentemente da visão positivista sobre o adoecimento, em que os sintomas precisam ser atacados e eliminados, em que o paciente é vítima de algum mal sobre o qual ele não tem responsabilidade, para a psicanálise o paciente tem uma participação, ainda que inconsciente, naquele mal que o acomete e que lhe pertence como parte de sua história. O adoecimento pode funcionar como uma "solução" para um conflito que ele ainda não se vê capaz de resolver, evitando uma possível desorganização psíquica percebida pelo sujeito como muito maior e mais difícil de suportar do que a doença que desenvolveu.

Consideremos como exemplo uma mãe que, tendo o filho se mudado para outra cidade para estudar e estando pouco presente em casa a partir de então, começou a ter frequentes crises de asma. Ela diz: "Meu filho é minha vida, o ar que eu respiro". É possível perceber que as crises de asma, a falta de ar representando a falta do filho – ar-que-eu-respiro –, a protegiam de uma desorganização psíquica ainda maior, constituindo uma proteção contra uma depressão e uma angústia das quais se defendia e que comprometeriam muito mais a sua capacidade de executar suas tarefas do que as crises de asma, controladas razoavelmente bem com as medicações. Um grau muito profundo de angústia e depressão podem ser muito mais incapacitantes do que algumas formas de adoecimento. Porém, ultrapassados alguns limites, somatizações podem colocar a vida em perigo e a situação pode se inverter, ou seja, a percepção da vida em perigo pode mobilizar uma carga elevada de angústia e as defesas até então utilizadas contra ela começam a falhar. Ao longo da vida utilizamos de defesas que nos permitem viver. Podemos nos adaptar e seguir, mas em circunstâncias muito adversas essas mesmas defesas que vinham funcionando podem não ser mais suficientes para nos proteger e permitir continuar. E isso podemos perceber de duas formas principais: ou por esgotamento crônico de recursos, causado pelos microtraumas a longo prazo; ou por um grande trauma, uma situação aguda que se apresenta como uma disruptura, uma descontinuidade que tem efeito traumático para o sujeito.

Diante da desorganização do aparelho mental provocada por microtraumatismos crônicos ou um trauma agudo, quais seriam as canalizações possíveis para cargas tão altas de angústia?

Operar clinicamente a mudança de predomínio das pulsões de morte para as pulsões de vida não significa obstaculizar a saída pelo adoecimento, e sim construir uma plasticidade maior de respostas aos conflitos para que o sujeito não precise adoecer tanto e tão gravemente como forma de comunicar sua dor de viver. Podemos perceber o predomínio das pulsões de morte pelas desvitalizações, autodestrutividade, desafetação, bloqueios do aparelho mental, compulsão à repetição, desprazer de viver; e o predomínio das pulsões de vida podemos perceber pela criatividade, vitalidade, retomada da sexualidade, prazer de viver, prazer relacional, engajamento com algo que produza laços sociais, satisfação e sentido de viver.

A capacidade para adoecer, como uma das diversas formas de demonstração de nossas falhas, insuficiências e fragilidades, e como formulação de uma demanda de ajuda, pode ser uma prova de plasticidade bem sucedida em alguns contextos e não deve ser suprimida, pois a (quase) incapacidade para adoecer pode indicar uma defesa excessiva contra o desamparo, quando a percepção do sujeito de que não haveria ninguém que cuidasse dele doente e de que precisaria ser forte para ser amado dói mais que o próprio adoecer. Mas isso provoca um custo elevado demais para o psiquismo, que não pode regredir quando na verdade isso seria protetor contra a desorganização do aparelho mental. Não podendo falhar e não mobilizando ajuda, o sujeito tem que se mostrar um super-herói, para além das capacidades humanas, até que um dia, inevitavelmente, se verá enfraquecido e supondo precisar, por sua vez, de algum super-herói. É nessa hora, muitas vezes, que nasce a possibilidade de busca por um psicólogo ou psicanalista. Super-herói? A queda da idealização será necessária no momento certo.

Quem foram, ou pelo menos deveriam ter sido, na primeira infância, nossos super-heróis? Os nossos pais ou substitutos, que nos protegiam, que assumiam as funções de para-excitações e nomeação dos afetos, de acolhimento de nossas fraquezas, de porto seguro, de constância objetal, de constância afetiva e regulação de nossa homeostase, nosso ritmo, tempo, espaço e identidade, até podermos fazer tudo isso por nós mesmos, internalizando então as funções automaternantes e autopaternantes.

Esse processo implica na identificação com um Ego Ideal, na maioria das vezes o pai e a mãe, e, depois da organização edípica, com um Ideal de Ego, passando para uma identificação com propósitos e valores ligados à cultura e não mais personificados no pai e na mãe ou nos seus substitutos. O problema é que, para as pessoas com sofrimentos precoces, as falhas são pré-edípicas, comprometendo a constituição de um Ego Ideal fortalecido, para então internalizar suas funções e construir um Ideal de Ego que promova um elã com a vida e não mais com a figura dos pais ou suas reedições. Mas, se essas funções não foram internalizadas, é preciso permitir, no caso das patologias pré-edípicas e num primeiro tempo do tratamento, que o paciente projete em nós um Ego Ideal, capaz de fazer reparações no Ego Ideal fraco da infância, no super-herói que não existiu e deixou essa criança, no adulto do qual tratamos, com uma incompetência relacional e uma inapetência para a vida difíceis de serem superadas. E o que significa, na prática, sermos em um primeiro momento a personificação dos primeiros cuidadores que falharam em suas missões maternantes e paternantes? Significa principalmente existirmos na relação para que o outro possa existir. O sujeito sofre de uma certa dificuldade de existir, de ser, de experimentar com intensidade os afetos, quais sejam de alegria, raiva, medo ou qualquer outro. Para se defender da intensidade dos afetos, leva uma vida operacional, mais em conformidade com as regras do que com o desejo, mais orientado pelo que se passa no mundo externo do que pelo que se passa no mundo interno. Então esses pacientes, pela forma como se posicionam na transferência, tendem a provocar isso também em seus analistas. Mas, se o analista que o atende for também desafetado e não existir na relação, não manejar a intensidade dos afetos, estarão os dois numa trama de desafetação que só repete e em nada modifica a experiência que o paciente já vive e da qual não consegue se desvencilhar. Nesses casos não é recomendável, por exemplo, o uso do divã, pois o paciente ainda necessita do olhar e das expressões para facilitar a comunicação, bem como o analista também precisa contar, no início do tratamento, com a visão das expressões do paciente para poder nomeá-las para ele, pois muitas vezes ele mesmo não sabe nomear o que está sentindo, apresentando uma dificuldade ou incapacidade de nomeação dos afetos, a alexitimia. Não sendo capaz, pelo menos por um tempo de tratamento, de associar livremente, cabe ao analista ser mais participativo no diálogo com o paciente, num trabalho inicial de reconstituição histórica e superação da desafetação e da inércia afetiva. O paciente não tem recursos para trabalhar sozinho e ainda precisa do espelho vivo – que lá atrás falhou – para se sentir vivo. A identificação se fez, mas se fez com o vazio, não se vendo existir no desejo vivo do outro, e sim nos mecanismos do outro. Portanto não totalmente morto, mas um morto-vivo.

Nessas condições, o aparelho mental tende a fazer movimentos de desorganização, o que predispõe o sujeito a adoecimentos potencialmente crônicos, graves e fatais. Adoecer sempre e gravemente, como se essa fosse a única resposta possível diante das dificuldades, conflitos e angústias, revela a falta de plasticidade do aparelho mental e suas limitações no campo da fantasia, da criatividade, das atividades imaginativas e sublimatórias.

Voltando à pergunta que nos fizemos – quais seriam as canalizações possíveis para cargas tão altas de angústia? –, entramos num campo que exige uma retomada teórica, pois, diante da angústia, cada sujeito, justamente por causa de sua estruturação subjetiva, será impactado de uma determinada forma e tenderá a responder também de uma forma específica.

A mudança de direção que iremos operar na clínica precisa ser do predomínio da pulsão de morte para o predomínio da pulsão de vida, do corpo biológico para o corpo erógeno, da sobreadaptação para a criatividade e a vida imaginativa e lúdica, da repetição de automatismos e alienação em relação aos processos inconscientes para uma maior aproximação, apropriação e legitimação de seus desejos, da precariedade onírica para uma riqueza dos sonhos e de criação de espaços para a fantasia, da dependência para a autonomia, da despersonalização como forma de obter afeto para a sustentação da própria identidade, ainda que tudo isso implique em alguma perda, da qual o sujeito se vê capaz de se recuperar e seguir adiante.

Apresentaremos ao longo dos próximos capítulos o raciocínio clínico e as diretrizes clínicas na abordagem a esses temas.

2
Psiquismo pré-natal e psiquismo perinatal: o início da vida e os *imprints* para a vida toda

Em nenhuma outra fase da vida o nosso desenvolvimento e a capacidade do cérebro de responder aos estímulos aos quais é exposto são tão elevados quanto nos mil primeiros dias de vida, que compreendem aproximadamente duzentos e setenta dias de gestação e os dois primeiros anos de vida. A velocidade de formação de novas conexões cerebrais, em torno de seiscentas por segundo, e todos os fatores associados à epigenética, como as experiências emocionais vividas desde a vida intrauterina, que interferem na arquitetura cerebral e apresentam relações com todo o desenvolvimento, fazem desse período uma fase de importância crucial e que deixará marcas indeléveis.

É durante os primeiros anos de vida que o desenvolvimento cerebral se dá de forma mais rápida. A arquitetura do

> cérebro se assemelha a de uma construção: sucessivas camadas que são adicionadas dependem da estrutura na qual se apoiam. [...] Os cientistas também descobriram que as diversas experiências que as crianças vivenciam em seus primeiros anos também são capazes de interagir com os genes e programá-los de forma tanto positiva quanto negativa. [...] o potencial de desenvolvimento encontra-se na combinação da genética com a qualidade das relações e do ambiente no qual se inserem nos primeiros anos de vida. No Brasil, cerca de 40% das crianças de 0 a 5 anos ainda vivem em situação de pobreza. Para elas, políticas de transferência de renda vêm se mostrando insuficientes. Alternativamente, diversas experiências em programas de visitação – que ensinam aos cuidadores estratégias de comunicação – apresentam resultados mais promissores. Essas intervenções envolvem poucos recursos e quase nenhum investimento de tempo adicional por parte dos cuidadores. Nas palavras de James Heckman, prêmio Nobel em Economia, o amor que depositamos nas crianças também faz parte da equação econômica. (Machado, 2021)

Se pensávamos que a genética determina totalmente as características do ser, como por exemplo sua inteligência e suas patologias futuras, hoje, com a epigenética, sabemos que há genes ou grupos de genes que podem se expressar e outros que podem ser silenciados, conferindo plasticidade ao que antes era aprioristicamente considerado definitivo. A epigenética indica que as experiências vividas, incluindo as experiências relacionais, interferem na expressão de genes herdados, potencializando ou não sua manifestação.

> De qualquer modo há um consenso hoje de que a dinâmica relação entre a previsão genética (natureza) e os primeiros cuidados (epigenética) tem um impacto decisivo e duradouro

> sobre o modo como os bebês se desenvolvem, sua capacidade de aprender e regular as próprias emoções. (Cunha, 2001, p. 11)

Estudos com gêmeos idênticos são de suma relevância para comprovar esse conhecimento. Gêmeos idênticos podem, ao longo da vida, manifestar sofrimentos emocionais diferentes, desenvolver patologias e vulnerabilidades diferentes, mostrando que, por interferência de fatores diversos, entre eles fatores relacionais, a expressão dos genes foi modificada.

Com o conceito de plasticidade cerebral, que significa que nosso cérebro pode mudar em função dos fatores aos quais é exposto, passamos a ter mais possibilidades e também mais responsabilidades sobre as decisões em relação a essas exposições, antes supostamente menos decisivas. Assim, na medida em que sabemos que os fatores aos quais somos expostos, especialmente nos mil primeiros dias de vida, participam de forma decisiva de nossas potencialidades futuras, passamos a ter uma responsabilidade imensa quanto ao estudo desses fatores e de seus impactos ao longo da vida, para que possamos intervir não apenas após a cronificação das patologias mas também preventivamente, quando possível, e precocemente, quando necessário.

> [...] El organismo se desarrolla en su totalidad y la estructura se modifica a medida que el organismo se realiza (en un modelo de red auto-organizadora). El código genético sólo indica los límites de la acción, o bien da la posibilidad de reaccionar gracias a un suplemento de informaciones no innatas. Mientras más se complejizan los organismos, más pueden aprender y recordar. Cada hombre es el resultado de su historia. En cambio, las abejas son poco más que clones, las

> unas de las otras. De este modo, el genetismo fue atemperado por los partidarios de las tesis epigenéticas, para los cuales los genes no ofrecen sino potencialidades que son actualizadas por otros factores, a los cuales se añade para cada individuo su historia afectiva, social y cultural. Apoyan esta tesis el hecho de que gemelos monocigóticos, genéticamente idénticos al nacer, no tengan el mismo sistema nervioso. En este mismo sentido, G. M. Edelman constata una intensa selección de grupos neuronales según leyes, para algunos, genéticas y, para otros, epigenéticas: el repertorio secundario de neuronas depende del medio y de los comportamientos que 'tallan efectivamente por selección diversos circuitos funcionales'. La selección se efectúa tomando como base la experiência a una edad precoz, y continúa durante toda la vida. (Pommier, 2010, 44)

Nesse primeiro ambiente em que vivemos, o útero materno, em que o bebê é afetivamente ativo, são registradas as experiências que se constituirão como a base sobre a qual aquelas que estão por vir tentarão se integrar. Essa integração é facilitada quando há congruência entre as experiências, as sensações que ela produz e as palavras que gradativamente vão capacitando o bebê a organizar o mundo e representá-lo mentalmente.

"[...] o útero é o primeiro meio – esse meio vai fazer com que experiências maternas afetem esse cérebro em formação" (Busnel *et al.*, 2002, p. 48). O bebê reage às emoções maternas, e isso modula as respostas de seu cérebro. Dessa forma, desde muito cedo o predomínio de determinadas emoções influenciará decisivamente as características do adulto em que esse bebê irá se transformar.

"A maneira como ele compreenderá, agirá, como indivíduo feliz ou triste, agressivo ou ponderado, seguro ou ansioso, depende em parte das mensagens que ele recebe no útero". (Verny, 1989, p. 3)

Isto não significa que todas as perturbações maternas irão prejudicar o bebê. As perturbações, como ansiedades leves e ocasionais, preocupações normais e desajustes transitórios, podem constituir, até certa medida, fonte de estimulação para o bebê, que começa a aprender a se defender daquilo que é percebido como desconfortável, como uma posição ruim ou um aperto, que o obriga a tentar mudar de posição ou dar um pontapé. O que sabemos é que há mecanismos de barreira que protegem o bebê dos estímulos que seriam aversivos e nocivos para ele, mas, quando esses estímulos são muito intensos ou muito frequentes, aí sim essas barreiras podem ser rompidas e prejudicá-lo.

> No decorrer dos anos, nos hospitais onde ensinei e pratiquei, vi dezenas de indivíduos profundamente marcados por influências que sofreram antes do nascimento, pacientes cujos sofrimentos só se explicavam em função do que lhes havia acontecido durante suas vidas intrauterinas ou no momento do parto. [...] Nem que toda perturbação afetiva normal ache sua origem no período intrauterino. A vida não é estática. Certamente, o que nos acontece aos vinte aos trinta e mesmo aos sessenta anos age sobre nós e nos modifica. Mas é importante mostrar que os acontecimentos têm sobre nós uma repercussão diferente nos primeiros estágios de vida. Um adulto, e num grau menor uma criança, tem sempre tempo de elaborar defesas e reações. Ele pode amenizar os efeitos do que ele experimenta, coisa de que o feto é incapaz. Nada vem atenuar ou desviar o impacto da experiência. Essa é a razão pela qual as emoções da mãe gravam-se tão profundamente na sua mente e seus efeitos continuam a se fazer sentir com tanta força ao longo da vida. [...] Como nós, e talvez mais, ele [o bebê] tem necessidade urgente de se sentir amado e

desejado. Tem necessidade de que se fale com ele, de que se pense nele, caso contrário sua mente e frequentemente seu corpo começam a enfraquecer. (Verny, 1989, p. 12-15)

Esse enfraquecimento é facilmente observável em nossa prática clínica, e devemos intervir para que o bebê se revitalize. Uma mãe enlutada, por exemplo, pode estar tão absorvida por sua dor a ponto de isso afetar sua conexão com o bebê. Precisamos ajudá-la a manter o contato com ele, conversando com ele, mantendo tanto quanto possível as estimulações sonoras e tudo mais que ele conhece através da mãe, e recebendo também a ajuda terapêutica necessária para a elaboração do luto, diminuindo os efeitos, sobre o bebê, de uma possível depressão materna. O bebê precisa se reconectar com os sinais sensoriais perdidos, como o odor da mãe, sua voz e sua prosódia, seus batimentos cardíacos, seu olhar, seu calor e seu caminhar percebidos quando está em seu colo. Na impossibilidade do contato direto com a mãe, é importante que outros cuidadores facilitem a reprodução, dentro do possível, desses sinais sensoriais que representam segurança para o bebê, pois a descontinuidade é sentida como ameaça à sobrevivência e, em última instância, como risco de morte. Realmente, na vida intrauterina e nos primeiros meses de vida, a descontinuidade representa uma grave ameaça à homeostase, o que pode implicar na morte. E carregamos para sempre essa "lembrança". Não é uma lembrança cognitiva, mas um registro das sensações de ameaça à vida, de risco de morte gerados nesse momento precoce de ruptura, de perda da sensação de continuidade e confiabilidade no ambiente. Essa experiência se constitui em fator associado a uma maior susceptibilidade aos transtornos da ansiedade, quando, no futuro, as rupturas e descontinuidades inassimiláveis pelo sujeito podem acionar essas mesmas sensações.

A concepção de morte que podemos ter é a descontinuidade. Morte é a interrupção da vida, a descontinuidade dela. Não podemos exatamente "conceber" a morte, mas podemos senti-la, tal como foi registrada antes da linguagem. No corpo podemos sentir a presença dela, o que é para nós fonte de extremo mal-estar, justamente por estar aquém da linguagem, no campo do Real. Quando ela se apresenta depois da aquisição da capacidade simbólica, podemos criar histórias que nos ajudem, no campo do imaginário e do simbólico, a dar contornos a ela, especialmente palavras que nos ajudam a dar conta do furo que ela representa. Mas quando ela se apresenta num tempo anterior à linguagem, anterior à capacidade de representação, o que fica é o *imprint* do mal-estar de tê-la experienciado. Por isso podem ser graves as consequências das experiências precoces relativas ao rompimento das sensações de continuidade, previsibilidade e confiabilidade de que o bebê precisa.

Tendo a chance de intervir nas patologias em vias de constituição, no momento de maior plasticidade neuronal e plasticidade psíquica, isto é, nos momentos iniciais da vida em que tanto o cérebro quanto o aparelho mental estão em processo de formação, aumentamos as chances de alterarmos o rumo do desenvolvimento numa direção mais saudável. A prevenção e a intervenção precoce estão associadas a custos menores e a prognósticos melhores.

Como nem todos os bebês têm acesso a diagnósticos e intervenções precoces, isso aumenta as chances de recebermos, em nossas clínicas, no futuro, o adulto já apresentando transtornos psíquicos cujos núcleos iniciais poderiam ter sido abordados nesse período inicial da vida.

> Existem as desordens do estresse pós-traumático, no qual, por exemplo, os traumas que ocorrem no momento precoce da vida do bebê vão repercutir pelo resto da vida do indivíduo, permanecendo na mente um estado de ansiedade permanente. [...] falava-se de registros de experiências traumáticas precoces que permaneciam nos indivíduos sob a forma de memória, perpetuando uma forma de funcionamento do eixo hipotálamo, pituitária e adrenal (HPA) alterado, o que significava um estado de funcionamento orgânico e psíquico alterado. (Busnel *et al.*, 2002, p. 54-55)

O *stress* materno também pode ter efeitos duradouros.

> Indivíduos que foram estressados durante a gestação têm menos capacidade de suportar o estresse na vida adulta. [...] Constatou que os bebês de mães estressadas, de 0 a 1 ano de idade, têm quatro vezes mais hospitalizações e oito vezes mais consultas médicas, o que indica condições gerais de saúde menos favoráveis.[...] o estresse sofrido durante a gestação terá repercussão na vida adulta. (Busnel *et al.*, 2002, p. 66-69)

Conhecermos as conexões entre os sofrimentos precoces e as desordens e patologias que se manifestam ao longo da vida é o que permite tornar nossas intervenções mais eficientes, por conseguirmos construir sentidos e colocar significantes lá onde eles faltam e cujas lacunas potencializam a formação de sintomas.

> Entonces, podremos reconocer un traumatismo reprimido, cuyas sensaciones (que lo acompañaron) son memorizadas y funcionan en adelante como símbolos. Lo que más tarde evoca, no el trauma, sino su símbolo, entraña la formación de un síntoma. Cuando en la vida cotidiana un detalle subrepticio recuerda el símbolo, cada vez que una sensación presenta

> las mismas características: un color, un olor, un sonido, un detalle o una circunstancia idéntica, el traumatismo nos es recordado en esa forma de saber inconsciente que es el síntoma. Es por esto que el trabajo sobre los símbolos, que consiste en subjetivar el traumatismo que representan, interrumpe la recurrencia de los síntomas. (Pommier, 2010, p. 124)

Conectar o sujeito com as origens do transtorno, com sentidos que até então lhe escapam, facilita a produção das conexões que faltam entre as manifestações sintomáticas na vida adulta e os acontecimentos precoces de sua vida. Uma vez conhecidos os caminhos e as manobras da formação do sintoma, que representa formações resultantes do sofrimento infantil negligenciado ou não tratado, o sintoma tende a perder suas estruturas de sustentação e sua função, desocupando o sujeito de ter que cuidar da criança doente – ele próprio – e liberando a energia ali dispendida para ser usada em outra coisa.

Há várias formas de percebermos, nas manifestações de nossos pacientes adultos, a criança saudável ou adoecida se expressando, pedindo socorro ou permissão para ser livre e viver em conformidade com seus desejos. Adultos criativos e produtivos, autônomos em seus desejos e em relativa harmonia consigo mesmos e com os outros foram, na maior parte das vezes, crianças de lares mais estruturados, com suas necessidades afetivas básicas atendidas satisfatoriamente. Não foram expostos precocemente a maus-tratos, negligência, abandonos e violências. Esses adultos tendem a apresentar menos adoecimentos graves, menos episódios de desestruturação psíquica e maior potencial de engajamento em relações satisfatórias com o outro, consigo mesmo e com o mundo. Seus adoecimentos, tanto em suas manifestações privilegiadamente físicas como mentais, são de um modo geral transitórios e de pouca gravidade, reativos a algum contexto identificável que funcionou como gatilho para o adoecimento e com uma certa proporcionalidade à gravidade dos fatos desencadeadores.

Já os adultos que, em sua infância, por diversas falhas do ambiente e de seus cuidadores, foram expostos a traumatismos precoces desestruturantes, com definhamento de sua vitalidade e potencialidades, e que muitas vezes encontraram novos entraves em um contexto pouco acolhedor e repetidor de traumas e falhas anteriores, tendem a apresentar adoecimentos mais graves, com índices de recidivas ou de cronicidade maiores e nem sempre proporcionais à gravidade dos fatos desencadeadores. Quanto mais precoces e mais graves os traumas vividos, quanto mais precoces os marcadores clínicos atingidos, maiores as vulnerabilidades e as chances de desenvolvimento de patologias graves ou limítrofes caracterizadas pela depleção da capacidade simbólica e da capacidade imaginativa, por um abatimento e desafetação, por uma dificuldade de estabelecer uma existência feliz, pela vulnerabilidade psicossomática e por uma susceptibilidade maior à passagem ao ato, aumentando as chances de comportamentos destrutivos ou autodestrutivos.

Soussumi (Busnel *et al.*, 2002, p. 56) comenta um estudo sobre os egressos da guerra do Vietnã, conduzido pelo grupo da pesquisadora Raquel Yehuda, intrigada pelo fato de que alguns soldados voltavam psíquica e fisicamente muito adoecidos e outros não. Verificaram que os adoecidos provinham de lares desfeitos onde vivenciaram privação afetiva e abuso. Outra pesquisa citada, sob a intervenção de Hillary Clinton, demonstrou a associação entre a presença de comportamentos violentos de estudantes contra os colegas e a privação precoce do contato materno.

Tratar do adulto a partir da forma específica como este adoece nos revela a criança não tratada, o sofrimento silenciado ou não cuidado em suas manifestações precoces. Ao longo da vida, dependendo das reincidências traumáticas sobre essas formações iniciais não tratadas, podemos observar o aparecimento ou agravamento dos sintomas.

Conhecer os fatores discriminativos para a identificação de uma patologia em vias de constituição e saber como intervir para interromper o processo patógeno, bem como saber fazer a análise retrospectiva quando do tratamento de adolescentes ou adultos, percorrendo o caminho inverso, da patologia atual para os núcleos patógenos da infância, nos permite ir além de um tratamento sintomático para tratarmos os sintomas desde suas origens.

Precisamos determinar, portanto, os fatores de adoecimento aos quais o bebê ou a criança foram expostos, os marcadores clínicos relativos ao momento dessa exposição e as possíveis correlações desses fatores com as patologias ao longo da vida. Essa é a tarefa à qual nos dedicamos nesta obra, em especial no capítulo 5.

Desenvolveremos, ao longo dos capítulos, diretrizes clínicas mais detalhadas sobre o manejo de pacientes com esses transtornos ou em vias de desenvolvê-los. Isso nos leva ao imprescindível dever de nos capacitarmos para um trabalho clínico em moldes diferentes do que podemos chamar de clássico ou convencional na psicanálise, em especial no que diz respeito ao manejo da transferência.

> Nesses casos, constatamos movimentos de transferência que não têm muita coisa em comum com a relação transferencial

> que se estabelece entre o sujeito neurótico-normal (para quem a psicanálise foi inventada) e a representação que este faz do analista. O analista vê-se confrontado ao que poderíamos chamar de transferência fundamental, transferência original que procura anular a diferença entre o ser e o Outro, ao mesmo tempo em que se teme uma fusão mortífera. Para mobilizar esse elo arcaico, seria necessário que a separação, vivida como morte psíquica, se transformasse num sinal de desejo, de identidade, de vida. (McDougall, 1987, p. 112)

3
O psiquismo e seu funcionamento antes e depois da aquisição da linguagem

Qualquer que seja a abordagem clínica, há um consenso: uma grande mudança é operada no funcionamento cerebral, psíquico e relacional a partir da conquista da linguagem.

A língua falada surgiu há pouco mais de cem mil anos. Uma grande mudança é registrada a partir de então, podendo o ser humano ir além de uma comunicação empática pré-verbal, mas não prescindindo dela.

Há uma correlação entre os planos filogenético e ontogenético: começamos nos comunicando por meio de uma linguagem não verbal, evoluindo para uma linguagem verbal. À época da evolução da espécie anterior à linguagem falada, as pessoas em volta do bebê também não possuíam a linguagem falada, o que não significa que não se comunicavam. Essa comunicação empática pré-verbal preparava o novo ser para se desenvolver, se relacionar com as pessoas e com seu meio, e isso era suficiente para garantir sua sobrevivência e a aquisição de habilidades de convívio e de respostas às exigências que a vida apresentava.

À medida que essas exigências foram mudando, as respostas das pessoas foram evoluindo para corresponder a novas exigências e a novos modos de vida e de organização da sociedade. A memória evolutiva se expandiu e surgiram novas reentrâncias cerebrais e áreas especializadas no cérebro, possibilitando o desenvolvimento da linguagem falada. Duas áreas são especialmente relacionadas à fala: as áreas de Wernicke e as áreas de Broca. Mas sua existência não é condição suficiente para a fala, pois os primatas as possuem e não falam. Para a psicanálise, linguagem e laço social são indissociáveis, ou seja, não bastam sons, não bastam palavras; é preciso que elas possibilitem o engajamento no jogo do desejo, que sirvam para a vinculação e para as trocas afetivas para que sejam linguagem. O que significa que é possível desenvolver a fala e não necessariamente desenvolver a linguagem. Há pessoas que falam e não estão engajadas nos jogos do desejo, estão à margem dos laços sociais e suas falas estão desconectadas das trocas afetivas. As áreas cerebrais podem estar preservadas, sem comprometimentos, o aparelho fonador também, mas a linguagem no sentido de conexão afetiva e de trocas simbólicas não acontece. A programação genética para a fala está lá, mas um programa genético só se completa num programa epigenético que, no caso, se refere à programação epigenética para a linguagem.

O acionamento desse programa epigenético para a linguagem simbólica, que faz laço afetivo-social, está na dependência das experiências afetivas vividas, envolvendo as sonoridades, palavras, arranjos melódicos, mímicas, gestualidades, emoções e percepções que precisam ser conectados para organizar a linguagem enquanto troca simbólica. Se esse programa epigenético falhar, o sujeito pode até desenvolver a fala, mas terá prejuízos no desenvolvimento da linguagem enquanto instrumento de organização da subjetividade e da intersubjetividade.

> Um paralelo entre a evolução da espécie (filogênese) e o desenvolvimento individual (ontogênese), permite algumas conclusões interessantes: [...] Faz apenas 100.000 anos que o homem começou a verbalizar, quando desenvolveu no seu córtex as áreas de Wernicke e Broca. [...] Embora ele não tivesse o córtex especializado e superior que permite a linguagem articulada e a autoconsciência que configura o que Edelman chamou de categorização conceitual (capacidade de emitir conceitos), este ancestral já possuía uma fina e bem desenvolvida somatossensorialidade que lhe permitia expressar-se e comunicar-se pelas mais sutis manifestações corporais, como o olhar, o tônus muscular, os odores, a postura corporal e as expressões do sistema nervoso autônomo. Isto pressupõe um subsistema somatossensorial maduro, permitindo uma bem desenvolvida categorização perceptual, entendida como a capacidade de percepção pela emoção, capaz de usar a linguagem corporal para se comunicar e sobreviver. Se o bebê que não articula for comparado ao homem de antes de 100.000 anos, pois como ele é regido por um cérebro subcortical, é possível explicar sua capacidade de categorização perceptual e sua linguagem pré-verbal expressa no corpo e nas emoções. (Cunha, 2001, p. 6-7)

A essa capacidade de categorização perceptual – capacidade de percepção pela emoção – presente desde a vida intrauterina, corresponde um tipo de memória chamada memória implícita ou perceptual:

> A memória pode também ser classificada, quanto à sua natureza, em memória explícita ou declarativa; memória implícita ou não declarativa e memória operacional ou memória de trabalho. [...] Duas características são típicas da memória de representação perceptual: a repetição [...] e o fenômeno da pré-ativação, [...] que corresponde à utilização de partes do objeto original, possivelmente provocando a ativação apenas parcial dos circuitos neurais envolvidos. [...] Com as suas conexões fisiologicamente fortalecidas pela repetição, o circuito neural correspondente ao objeto original poderia ser ativado por apenas alguns de seus elementos, permitindo a evocação do objeto inteiro a partir de uma parte. (Lent, 2010, p. 649-668)

Como esse tipo de funcionamento está diretamente associado às emoções, a ativação do circuito neural ativará simultaneamente as emoções registradas no momento de sua formação, podendo ser reativadas no futuro quando do reencontro com esses elementos parciais capazes de evocar a experiência original. Isso nos ajuda a compreender a aparente falta de sentido das crises de ansiedade, em especial as crises de pânico. Descritas pela maioria dos pacientes como tendo ocorrido "do nada", por não conseguirem identificar os elementos que funcionaram como gatilho para a crise, ela pode aparentemente ser disparada por qualquer situação, não havendo necessariamente semelhança entre a situação atual e a original. Porém, é preciso haver semelhança entre as sensações deflagradas. Significa que a experiência atual não precisa ter, em seu conteúdo descritivo, consciente e verbal, semelhança com situações anteriores, mas sim reproduzir algum elemento sensorial ou emocional registrado pela memória implícita perceptual, acionando os mesmos mecanismos fisiológicos correlatos a ela, associados à percepção de risco à homeostase e à vida, que são aqueles anteriores à aquisição da capacidade verbal e interpretativa.

O desenvolvimento de atividades psíquicas e cerebrais mais complexas, envolvendo funções superiores como a linguagem, a memória explícita e a capacidade de interpretação conceitual não eliminam o funcionamento anterior – regido pela categorização perceptual e memorização implícita – mas vão se mostrando cada vez mais compatíveis e eficientes para a resolução da maioria dos problemas e desafios que envolvem a vida depois de superadas as fases iniciais em que a sobrevivência estava em primeiro plano. Na verdade, salvo em algumas condições muito específicas, a exemplo de colocar a própria vida em risco para salvar a vida de alguém, sobreviver sempre estará em primeiro plano, pois conservaremos para sempre esses registros iniciais, que entrarão em ação quando sentirmos que a vida está ameaçada. Mas o que se espera é que alcancemos uma sensação não de garantia, mas de relativa segurança e confiabilidade na continuidade da vida, para que não fiquemos permanentemente reféns de vivermos em função de reagirmos a perigos constantes e possamos usar essa energia em investimentos libidinais, lúdicos, prazerosos e criativos e estejamos disponíveis para a vida imaginativa e para os laços afetivos e sociais.

Após a aquisição da linguagem, a forma de reagirmos quando sentimos que a vida ou a integridade estão em risco dependerá tanto da percepção como da interpretação, e será tão mais ajustada quanto mais alinhadas estejam essas funções perceptivas e interpretativas. Por exemplo, duas pessoas podem perceber um grande estrondo. Uma analisa o contexto e o interpreta como inofensivo, e a sua reação não passa de um susto, não disparando uma ação de fuga do local. A outra, atingida pela mesma percepção, mas também em função de um trauma anterior, reage imediatamente ao estrondo como algo que coloca a vida em risco, iniciando uma série de modificações no organismo preparando-o para as ações em defesa da sobrevivência, como fugir do local em busca de segurança. Através desse exemplo simples podemos entender que, quando não acionamos os sistemas simbólicos de linguagem e interpretação, ficamos mais sujeitos à hiper-reatividade do organismo. Mecanismos de *stress* associados à luta pela sobrevivência são disparados antes de ser possível enviar essas informações para serem tratadas e interpretadas para então, se necessário, desenvolver um planejamento de ações. A manutenção desse funcionamento mesmo após o estabelecimento das funções superiores tem motivos óbvios de manutenção da vida, mas, utilizados em excesso e não apenas quando de fato a sobrevivência estiver em risco, trazem danos ao organismo, que pode entrar em colapso pela exposição excessiva aos mecanismos desregulatórios da homeostase quando poderia ter sido poupado acionando recursos simbólicos e de linguagem, deixando a cargo do aparelho mental a metabolização do evento.

> O bebê nasce com as estruturas que são responsáveis pela sobrevivência, que são os centros homeostáticos, os centros de funcionamento orgânico do indivíduo e que são responsáveis pela interpretação das experiências. As experiências se dão nesse nível, mas, gradativamente, o indivíduo vai desenvolvendo as estruturas cerebrais mais altas, que vão entrando em funcionamento e, nesse nível, as sinapses que se formam têm como referencial as experiências primitivas. Então, em determinado momento existe uma categorização, existe aí uma visão, uma memória, uma aprendizagem daquilo que é como se fosse uma consciência, uma memória daquilo que se aprendeu – ainda num nível não consciente, porque ainda

> não existe a linguagem. Isso se chama consciência primitiva. Assim, através das estruturas homeostáticas, existe a categorização primária que vai agir sobre o hipocampo, a amígdala, que agem intercambiando. [...] A consciência elaborada surge quando aparece uma função fantástica que só o ser humano tem, a linguagem. [...] [A consciência elaboradora é] essa capacidade de colocar as palavras, a simbolização, nas nossas experiências. [...] Eu gostaria de salientar que no momento precoce da vida, até terminar essa vida extrauterina que é difícil de localizar, mas deve terminar por volta dos doze meses – ou talvez um pouco mais – vai se passando a consciência primária. A partir de então, quando entra a palavra, há a conquista de outros mundos. Nesse processo, as categorizações, ou seja, as sinapses, o conhecimento, a aprendizagem, já não estão mais baseados naquilo que é programado. [...] Assim, ele vai ter que descobrir, ele próprio, esse mundo, ele próprio vai ter que conhecer esse mundo, vai ter que lhe dar uma interpretação. (Busnel *et al.*, 2002, p. 51-53)

Daí a enorme importância que têm os cuidadores em sua função de mediar a relação do bebê com o mundo externo.

A aquisição simbólica indica que a capacidade representacional está instalada e que o programa epigenético para a linguagem obteve as condições necessárias para se efetivar. A comunicação pré-verbal empática anterior à fala, as sonoridades produzidas pelo bebê e a capacidade dos pais de promover a conexão entre experiências, palavras e emoções formam o conjunto que permite que o programa genético para falar se complete no programa epigenético para a linguagem, inserindo esse bebê no jogo das relações intersubjetivas. A comunicação interpsíquica só se desenvolve na interação com pessoas, não se efetivando, por exemplo, na interação com telas. Como tanto acontece na pós-modernidade, marcada pelo uso excessivo de celulares, tablets e similares, as interações afetivas têm sido prejudicadas, implicando em prejuízos em diversas áreas como a cognição, a comunicação e a interação social.

> Sem privilegiar nenhuma etiologia, a hipótese da Pesquisa PREAUT postula que deve haver, no curso dos primeiros meses de vida, situações psicorrelacionais que antecedem a cognição e a tornam possível. [...] Para alcançar um desenvolvimento (global) harmonioso, não é suficiente que o tempo passe e a estatura e peso da criança se elevem. É necessário, além da saúde do corpo, que se estabeleça um laço entre ela e seus pais (ou substitutos). Assim é que a criança já pode apresentar uma série de perturbações desde os tempos preliminares, desordens que estão sempre relacionadas à qualidade das interações pais-bebê. (Ferreira, 2013)

O computador não irá "ajustar suas emoções" para entrar em contato e se envolver com as emoções do outro, o que sobrecarrega o aparelho perceptivo e prejudica os sistemas interpretativos.

Os interlocutores fazem ajustes a partir de sinais infraverbais para entrar em sintonia e facilitar a comunicação. Entre uma mãe e seu bebê e em outras relações onde haja intimidade afetiva, é possível que sinais subliminares sejam percebidos e interpretados, que emoções sejam compartilhadas sem que o outro tenha comunicado, em palavras, seu estado afetivo. Por se tratar de uma interação afetiva, este que percebeu o estado afetivo do outro se modifica, modifica suas emoções para entrar em interação, em afinação afetiva com o outro, o que é impossível para um dispositivo eletrônico como o computador ou outros dispositivos.

Infelizmente, algumas interações, mesmo entre pessoas, também não apresentam essas propriedades. Isso significa que, mesmo em interação com pessoas, o programa epigenético para a intersubjetividade pode falhar, devido a falhas nessa interação, as quais podem estar associadas a fatores específicos presentes nas condições dos interlocutores envolvidos ou no ambiente. Há casos de gêmeos idênticos, por exemplo, em que as falhas se produziram na interação com um dos filhos, mas não se reproduziram na interação com o outro, já que a interação da mãe com cada um de seus bebês não é a mesma e que, de qualquer forma, ainda que gêmeos idênticos, não são o mesmo bebê. Cada um deles pode mobilizar engajamentos diferentes com sua mãe e ela também, por sua vez, pode estabelecer engajamentos diferentes com cada um deles.

A interação afetiva que promove a conexão organizada entre as experiências vividas, as emoções e os sentidos que elas têm, construídos em palavras, dá a estas a condição de simbolização e as retira da condição de palavra-coisa.

> Las palabras en sí mismas son igualmente cosas capaces de ser percibidas a su vez como otras cosas, siempre peligrosamente difluentes. Únicas entre las otras sensaciones, las palabras escapan a su naturaleza de cosa, porque se definen por medio de otras palabras: pierden así su valor de sensación. Las palabras se purgan de su pulsionalidad anonadante cuando se adosan a otras palabras: escapan así del universo sin techo de las cosas y construyen otro mundo: nuestra casa. (Pommier, 2010, p. 82)

Habitamos a linguagem e somos habitados por ela. Assim surge o sujeito da enunciação, aquele já separado do desejo do Outro e capaz de assumir-se desejante. Sem interlocução não há sujeito. Sem interlocução não há ingresso nos jogos do desejo e, excluídos deles, estamos excluídos da riqueza do mundo simbólico, ou, no mínimo, instrumentalizados tão precariamente para lidar com ele que apenas o fazemos tangencialmente, reféns de um excesso pulsional desorganizador diante de eventos não mediatizados pela linguagem.

> El ser del sujeto, desplazado por la enunciación de las frases, depende del modo de la temporalidad de sus vínculos con los otros. Ver el mundo sin hablar de él o sin oír hablar de él se vuelve rápidamente una experiencia dolorosa. Si el hombre cesase de dirigirse a sus semejantes, en algunos días perdería los reparos espacio-temporales de este cuerpo del que no es locatario sino gracias al habla. El alquiler se paga con palabras. Si un hombre ya no encontrase a quien dirigirse, caería en su imagen, a riesgo de ahogarse en ella. Al ponerse a hablar, la cuestión del ser y de la nada se juega de agora en adelante entre el locutor y el receptor. [...] El encadenamiento de las palabras reprime la pulsión y alivia el cuerpo. (Pommier, 2010, p. 93-100)

Assim, a linguagem se apresenta como um dos marcadores diferenciais fundamentais entre o funcionamento psíquico e cerebral antes e depois de sua aquisição. Com um modo de funcionamento predominantemente perceptual e pulsional, diretamente associado às funções de regulação da homeostase e da continuidade da vida, o psiquismo anterior à linguagem, ainda incipiente, precisa do continuar a ser para se constituir. Esse continuar a ser só é possível pela função de para-excitações exercida pelos cuidadores, que protegem o bebê de entrar em contato direto com eventos que provocariam nele as sensações de descontinuidade e imprevisibilidade. Entre essas proteções, a mediatização pela palavra, acompanhada de toda sua prosódia e das trocas lúdicas que salvam do risco de mecanização dos cuidados, se mostra como um dos principais fatores estruturantes e determinantes da aquisição da linguagem e ascensão ao mundo simbólico. A partir daí, um novo modo de funcionamento psíquico e cerebral entra em ação, não eliminando o primeiro, mas dando supremacia ao funcionamento regido pelas funções cerebrais superiores então desenvolvidas e por um psiquismo já capaz de organizar, pela linguagem, suas experiências, e por isso mesmo muito mais potente no enfrentamento das situações que caracterizariam uma ameaça à continuidade da vida. Daí em diante, é na trama da linguagem que a história de vida vai fazendo seus arranjos, com possibilidades de significações e ressignificações muito mais amplas do que no primeiro modo de funcionamento, mas atravessada por todas as marcas deixadas por ele e podendo até reativá-lo quando a linguagem falhar em sua tarefa de dar ao sujeito a amarração simbólica necessária para se manter coeso.

4
Maternagens e paternagens patologizantes e a potencialização dos adoecimentos psíquicos e psicossomáticos

Para o ser humano, por sua imaturidade psíquica e biológica no início da vida, a possibilidade da sobrevivência está em relação direta com a vinculação com seus cuidadores, pois a sua condição de desamparo, fragmentação e deriva iniciais não tem como ser resolvida por ele mesmo, colocando-o na posição de extrema dependência afetiva de quem cuida dele.

O desenvolvimento saudável pressupõe, entre outros fatores, a saúde dos pais e do ambiente, em especial o ambiente afetivo, relacional. Se os pais tiverem distúrbios e desequilíbrios intrapessoais e interpessoais significativos, isso irá interferir no desenvolvimento do bebê, desde a vida intrauterina, deixando marcas que podem durar por muito tempo ou mesmo para toda a vida. "Então, enquanto embrião, ele sela aquilo que vai ser quando adulto. [...] o feto com 21 semanas sente emoções que podem modificar [para sempre] o seu córtex." (Busnel *et al.*, 2002, p. 87-99)

Esse é o caso, por exemplo, de mães expostas a níveis tóxicos de *stress* durante a gestação, o que leva o bebê a experimentar, por sua vez, marcadores biológicos do *stress*, como o cortisol, desde muito cedo, e se traduz em experiências de desconforto, de um mal-estar inominável num momento muito precoce da vida, quando uma base está se formando e marcando o desenvolvimento psíquico e cerebral.

Se o ambiente externo é desarmônico e mais ainda se é tantalizante, isso se traduz em comprometimentos da homeostase, tornando prejudicial o primeiro "ambiente" do bebê. Durante a gestação e no primeiro ano de vida, a noção de ambiente para o bebê se refere em primeiro lugar à "mãe-ambiente". (Winnicott, 2000) O bem-estar da mãe e, portanto, o que o bebê entende por "mãe-ambiente" está em boa medida sob a influência que o pai do bebê, bem como o pai internalizado da mãe, exercem no psiquismo dessa mãe. A presença do pai do bebê, ou de alguém que dê afeto e segurança para a mãe, é um fator de proteção contra diversos efeitos nocivos ao bebê, como o excesso pulsional materno, a ansiedade materna advinda da sensação de ter que dar conta de tudo sozinha, a depressão materna e diversos medos que tendem a não aparecer ou diminuir quando um objeto assegurador de confiança e segurança para a mãe está presente. Além do mais, o bebê não tem de início a percepção de que ele e a mãe são duas entidades separadas, dada a necessária e inevitável simbiose entre eles no início da vida. Portanto, se o bebê se percebe como um só junto com a mãe, é a presença de um terceiro que permite ao bebê ter uma incipiente percepção do diferente, da alteridade.

> Ele [o pai] deve estar presente na vida da criança muito antes de sua entrada triunfal no segundo tempo do complexo de Édipo; nessa fase, sua função é moderar os excessos de apego entre mãe e filho a fim de alavancar o processo de subjetivação. [...] O pai pré-edípico também pode ser aquele que, além de retirar a mãe de cena, oferece-se como objeto substituto à criança, apresentando outro corpo, outro ritmo, outro olhar e outra oferta/demanda pulsional (e amorosa) ao corpo e à psique ainda mal estruturada (o 'psicossoma' em Winnicott) do bebê. [...] o pai pré-edípico faz presença desde o começo como um terceiro capaz de mediar a relação fusional e moderar os possíveis excessos do apego entre a mãe e o bebê. (Kehl, 2006, p. 37-38)

Quando a mãe tem alguém que seja para ela uma presença afetuosa, transmite desde o início para seu bebê as sensações de que o mundo é organizado, estável, de que ela tem alguém para amá-la e cuidar dela nesse momento e que portanto ela está mais amparada e disponível para amá-lo e cuidar dele como filho. Assim, conhecer os caminhos para uma melhor promoção da saúde e prevenção das patologias nos permite construir parâmetros para intervir minimizando os efeitos nocivos quando diante de realidades promotoras de adoecimentos, a exemplo de situações de negligência, abandono e maus-tratos.

No Brasil, a licença maternidade, estipulada em quatro meses na Consolidação das Leis do Trabalho (CLT) é menor do que o tempo mínimo necessário para que o bebê consolide sua identidade como um ser separado da mãe e possa manejar psiquicamente a sua ausência, depois de um tempo de sucessivos *imprints* de presença e da criação de uma base de segurança e representação psíquica da mãe que seja sustentável enquanto ela estiver ausente. Além disso, a recomendação de amamentação exclusiva no peito por seis meses, seguida de um desmame progressivo, é quase impossível de ser cumprida, pois saber de todos os benefícios relacionados a essas recomendações não vai alterar o fato de que a mãe não pode perder o emprego e precisa retornar ao trabalho quando seu filho tem 4 meses. Mas, conhecendo o que deveria ser mantido na relação mãe-bebê nesse momento e que será interrompido, podemos fazer intervenções para diminuir a brutalidade da separação, diminuindo a sensação de descontinuidade entre um ambiente e o outro.

A vida intrauterina, o nascimento e a infância trazem suas provações evolutivas normais, que impulsionam o indivíduo em direção às etapas seguintes. Isso por si só pode trazer sofrimentos que precisam ser organizados, mediatizados, mas não impedidos, porque contêm em si, uma vez superados, os recursos que serão requisitados no enfrentamento das exigências cada vez maiores que esperam o sujeito nas etapas seguintes e que o tornarão capaz de lidar com catástrofes que vêm do mundo externo e atingem o mundo interno. Essas provações evolutivas e a forma como foram experimentadas nos dão a medida do que cada ser pode suportar em cada etapa de sua vida. Mas, uma vez obrigado a lidar com exigências para as quais não estava preparado, precisamos dimensionar os danos provocados naquele momento e ao longo da vida. Por exemplo, a separação mãe-bebê antes que o bebê possa se constituir como separado dela, num momento da vida em que ele não faz ainda a diferenciação eu-outro, é uma exigência para a qual ele ainda não dispõe de recursos, experimentando-a como uma perda de si mesmo que forma núcleos de fragilidade para adoecimentos futuros. Na vida adulta, diante de um abandono objetal, esse sujeito pode vivenciar a perda não como perdendo o outro, mas sim como perdendo a si mesmo no outro, e, em função de uma equivalência psíquica na qual eu = outro, é possível o surgimento de um quadro depressivo e até mesmo uma tentativa de autoextermínio, podendo a tentativa de se matar equivaler à tentativa de matar o outro dentro de si.

Em um constructo ideal, até que a identidade se consolidasse e a amarração central dada pela simbolização da castração pudesse ser alcançada, nenhuma exigência além das evolutivas deveria acontecer ao bebê e à criança, pois seriam para eles uma agressão, uma forma de violência, a exemplo das rupturas precoces mãe-bebê. Após a conquista de uma estabilidade psíquica dentro de uma identidade própria, da conquista da linguagem e da simbolização da castração (ou inscrição do Nome-do-Pai ou castração secundária) o que podemos observar é que, inevitavelmente havendo traumas e sofrimentos para além dos evolutivos, estes já poderiam encontrar uma ancoragem na linguagem e na capacidade elaborativa, provocando efeitos menos catastróficos.

Antes da aquisição da coesão egoica e da diferenciação eu-não eu, tudo é percebido pelo bebê como vindo de dentro de si. Não sendo capaz de projetar no mundo externo as agressões sofridas, visto que não concebe ainda um mundo externo, essas violências serão registradas como vindas de dentro de si e em direção a si, provocando uma hiper-reatividade do organismo na tentativa de defender-se, contribuindo para o desenvolvimento de um falso *self*.

As agressões sofridas após a aquisição da capacidade de descolamento do outro e da coesão egoica têm seu potencial de destrutividade gradativamente diminuído, partindo do princípio de que um número maior de mecanismos de defesas psíquicas poderiam amortecer o contato direto com a agressão. No entanto, a proteção excessiva e patológica das dificuldades normais e evolutivas – a superproteção – pode impedir o desenvolvimento desses mecanismos normais de defesa ou favorecer o surgimento de mecanismos patológicos de defesa.

Quando, na vida adulta, uma agressão ocorre, como uma ruptura de um vínculo afetivo, a violência que essa ruptura pode representar para o sujeito vai depender das experiências de ruptura às quais foi exposto, se antes ou depois de ter recursos psíquicos para lidar com a angústia da separação, e como foi o manejo dessa situação em termos de redução e reparação dos danos causados. O sentimento de abandono pode adquirir uma potência de gravidade adoecedora para muitas pessoas, evoluindo às vezes para despersonalização, depressão, suicídio e somatizações. Mas pode também, para outras pessoas, evoluir para um processo de luto saudável, em que a libido investida no objeto retorna ao Ego para posteriormente ser reinvestida em novos objetos e projetos. Passamos por provações de separação antes da vida adulta, tais como a separação do corpo materno no nascimento, no desmame, na entrada na escola. A forma como passamos por essas experiências vai nos capacitar para lidarmos com as futuras experiências de separação ou, ao contrário, vai nos incapacitar parcialmente ou totalmente para lidar com essas experiências, podendo ter um efeito devastador em nossa subjetividade e acionar processos patológicos, o que vai depender basicamente do tipo de vinculação estabelecida no início da vida. Se a vinculação era do tipo aditiva e fusional, a ruptura ou mesmo o afastamento temporário tendem a ser catastróficos, pois esses pacientes não conseguem manter estável dentro de si o objeto amado na ausência física desse objeto.

Outros pacientes, embora não se vinculem de forma aditiva e fusional, podem, como uma defesa contra esse risco, manter um afastamento de qualquer possibilidade de envolvimento afetivo, preferindo as relações utilitárias e funcionais, baseadas mais nas necessidades pragmáticas do que no desejo e no prazer. Num mesmo paciente podemos encontrar em momentos diferentes os dois mecanismos, visto que ambos servem para proteger uma identidade frágil e um capital narcísico deficitário das ameaças de despersonalização, de intrusão e de dissolução.

Essas ameaças, bastante arcaicas, evidenciam as falhas da maternagem em sua função de narcisação do bebê, de dar a ele contorno, *holding*, espelho, olhar, voz, desejo, sentido, existência subjetiva. As pessoas que carregam as marcas dessas falhas sofrem do próprio fato de existirem, mais exatamente de não se sentirem existindo, de estarem mais sobrevivendo do que vivendo, mais assistindo à vida da arquibancada do que se sentindo fazendo parte dela – pessoas "anoréxicas da vida", como diz McDougall (1987, p. 118).

As origens dessas dificuldades residem no fato de que, da mesma forma que biologicamente precisamos nos implantar em um útero para sobrevivermos, precisamos nos implantar numa vida afetiva para nos fazermos existir. Sentirmo-nos desejados e pertencentes é estruturante e vital. O suprimento das condições objetivas de sobrevivência (água, alimento, controle da temperatura, etc) não é suficiente para manter a vida, resultando, quando essas ofertas estão dissociadas da oferta de amor e de trocas lúdicas e linguageiras, em altos índices de adoecimentos e óbitos entre bebês. O que a clínica com adultos e bebês nos ensina é que em qualquer época da vida somos assim: retirados de nós o amor, as trocas lúdicas e linguageiras e a sensação de estarmos instalados no desejo de alguém e por isso ligados ao mundo, a vida ou pelo menos a sensação do sentido de viver pode estar em risco. Mas é notável o quanto esse risco é aumentado entre aqueles que experimentaram, muito precocemente, falhas no estabelecimento do amor e das trocas lúdicas e linguageiras que culminaram numa economia narcísica frágil. Esse funcionamento acarreta ao sujeito um aprisionamento a questões muito anteriores às questões edípicas, pois primeiro é preciso lutar para existir, e a ameaça constante da não existência deixa o sujeito desvitalizado para as questões do desejo.

Na clínica com os bebês, desprovidos ainda da capacidade interpretativa, as falhas na vinculação ou as rupturas dos vínculos constituem situações de urgência, pois comprometem a regulação das funções vitais. Por isso, é necessária uma imediata implementação de condutas para a salvaguarda de um psiquismo e um cérebro em formação, que, sabemos, podem sofrer prejuízos não apenas funcionais mas também orgânicos, pois "a não instauração das estruturas psíquicas lesa rapidamente o órgão que as suporta". (Laznick, 2013, p. 22)

Já no adulto, se as falhas iniciais não foram muito graves e houve a aquisição de recursos simbólicos e interpretativos, estes permitem a subjetivação da experiência para que ela não seja registrada e vivida de forma brutal e sem palavras.

Mas ser adulto e falar não significa, por si só, o ingresso em uma linguagem elaborativa, simbólica e protetora do aparelho mental. Há pacientes que falam de uma forma desafetada e operacional que em última instância serve como uma defesa diante da dificuldade de falar de si. Trata-se de uma fala-ato:

> A catástrofe interna que atingiu a capacidade de pensar e de elaborar afetos só se deixa adivinhar por trás dos atos do paciente – atos que ainda não são traduzíveis em pensamentos ou comunicações. Para alguns pacientes, a própria palavra torna-se esse ato no interior da situação analítica: um discurso que visa menos a comunicar algo ao analista do que fazê-lo sentir alguma coisa ainda sem nome, e por meio da qual o analisando tenta não ser apreendido. (McDougall, 1987, p. 101)

Na ocorrência de eventos disruptivos, uma linguagem-sinal, operacional, muito mais a serviço da comunicação de necessidades do que da dialetização do desejo, não favorece os processos de elaboração e sim os mecanismos arcaicos de sobrevivência psíquica e biológica.

Entre os mecanismos arcaicos de sobrevivência psíquica, podemos citar o recurso à expressão psicossomática dos conflitos e as diversas tentativas de retorno ao estado de nirvana, que corresponde ao desejo de não desejar, traduzido em estados potencialmente graves de retirada da libido, chegando a comprometer o elã com a vida. Podemos citar também o desenvolvimento de estruturas defensivas exacerbadas, em função da necessidade de proteção contra as ameaças que as relações podem representar em termos de riscos fusionais – envolvendo angústias de dissolução da identidade – ou de separação – envolvendo angústias de despedaçamento e aniquilação. Para as pessoas sujeitas a esses sofrimentos, relacionar-se corresponde a fusionar, gerando um apego aditivo aos objetos, ou, ao contrário, um forte sistema de defesas contra o envolvimento afetivo.

Entre os mecanismos arcaicos de sobrevivência biológica, podemos citar os mecanismos autonômicos associados ao *stress*, que nesses casos são desregulados com mais facilidade: eles danificam o organismo, mas numa tentativa de mantê-lo vivo, de não deixá-lo ir ao encontro da morte sem pelo menos antes lutar ou fugir. São mecanismos essenciais sem os quais a perpetuação da espécie estaria comprometida, pois nas situações de risco real iminente não há tempo para elaboração e precisamos de respostas rápidas para salvar a vida.

Por que consideramos em algumas situações haver um "risco iminente" se não há aparentemente um risco biológico? Por que, então, chega a estar em risco até mesmo a vida biológica? É porque as falhas originais aconteceram em uma época em que o psiquismo estava se formando e foi obrigado a se ocupar, a reagir às falhas do ambiente. E essas falhas, interrompendo a continuidade do ser, implicando em sensações de imprevisibilidade e perda da confiança no ambiente, interromperam a homeostase do bebê, o que é para ele nesse momento, dada sua fragilidade, um risco iminente à continuidade da vida. Então, quando algumas pessoas se relacionam de maneira aditiva com o outro, sentindo que não conseguem sobreviver sem ele, o rompimento da relação implica na perda de algo que era percebido como vital, levando à sensação de risco iminente à integridade e à vida.

> Narciso desempenha um papel mais importante do que Édipo na elucidação das perturbações profundas da psique humana; a sobrevivência ocupa no inconsciente um espaço mais amplo do que o conflito edipiano, a ponto de para alguns indivíduos a problemática do desejo parecer um luxo, (McDougall, 1987, p. 116-117)

Isso se dá visto que esses pacientes ainda estão fixados na problemática anterior, da regulação da homeostase física e psíquica, na representação de si e na busca pelo equilíbrio da economia narcísica.

> Sem dúvida, a luta para manter a representação de si e o equilíbrio da economia narcísica impõe-se a todos nós, e os problemas neste domínio podem ser menos graves e irredutíveis à análise do que certos sintomas neuróticos clássicos. Por outro lado, há pessoas para quem a manutenção da imagem e da homeostase narcísica requer a utilização de defesas ou de relações que desempenham um papel vital. Como se Narciso, diante do risco de perder de vista aquilo que lhe serve de anteparo na superfície das águas, preferisse morrer, ou até mesmo lançar-se no poço sem fundo da fusão mortífera, a enfrentar o seu vazio interno; vazio não apenas enquanto ser sexuado, mas enquanto outro que não o Outro. [...] Sem dúvida, para muitos pacientes a problemática da economia narcísica tem primazia em relação aos problemas colocados pela economia libidinal. (McDougall, 1987, p. 117-119)

Nesses pacientes, conforme mostra a clínica, há uma labilidade na regulação do mecanismo, até certo ponto normal, segundo o qual as emoções podem acionar reações biológicas assim como as reações biológicas podem acionar emoções associadas a alguma experiência vivida. Quanto mais precoces forem as experiências traumáticas, maior a indiferenciação e labilidade entre os aspectos afetivos e biológicos dessas experiências.

Consideremos uma pessoa que relata entrar em um misto de ansiedade e angústia e seu maior desconforto é não conseguir encontrar um motivo para isso. Ela está com alguns distúrbios respiratórios decorrentes de situações clínicas "irrelevantes", como sinusite e gripe. Não há para ela uma conexão entre essas crises de angústia e as dificuldades respiratórias causadas por obstrução nasal, tosse e dificuldade para respirar. Há um histórico de distúrbios respiratórios desde bebê, e as vivências que acompanharam esses distúrbios diziam respeito a momentos de desamparo. Não precisa haver uma relação necessariamente causal entre a experiência de desamparo e os sintomas apresentados, e sim uma relação de colagem, provocando uma equivalência entre as sensações produzidas. Aqui não se trata da colagem entre significado e significante, e sim de ausência de significação. Então a "soldagem" se dá entre as sensações experimentadas: as sensações de desamparo com as sensações associadas ao desconforto respiratório, que foram registradas como ameaça à integridade e à continuidade da vida. Uma vez registradas no campo sensorial (memória implícita), basta um dos registros para acionar o outro, ou seja, as sensações às quais a pessoa estava exposta em função do desconforto respiratório disparavam sensações de desamparo, traduzidas para ela em angústia e ansiedade. Assim, era comum que, diante de eventos percebidos como desamparo, ela entrasse em algum desconforto respiratório.

Pensemos em uma pessoa que tem crises de pânico e distúrbios digestivos frequentes. Ela relata que as crises de pânico aparecem quando surgem distúrbios digestivos, na maior parte das vezes diarreia. Diarreia, para a maioria das pessoas, não precisa necessariamente servir de disparo para a desestabilização emocional, mas é o que acontece com essa pessoa. Quando tem diarreia entra em angústia e ansiedade e quando tem angústia e ansiedade dispara uma diarreia. Para essa pessoa, a diarreia acompanhada de extrema angústia e ansiedade é correlata da perda do contorno e da coesão egoica. Em seu histórico precoce, teve frequentes episódios de distúrbios digestivos, na maioria das vezes diarreia, e era deixada sozinha num banheiro escuro, com sensações de imenso desamparo, medo e angústia.

A labilidade e a indiferenciação entre a dor e o mal-estar físico e a dor e o mal-estar psíquico são superadas e um grau relativo de plasticidade e diferenciação entre esses registros é observado com a condição da aquisição da linguagem. Isso implica na primazia do acionamento dos recursos simbólicos e interpretativos para o manejo de angústias e conflitos, mas, quando esses recursos simbólicos e interpretativos falham, o sistema perceptual pré-verbal entra em ação e coloca o sujeito em contato com a brutalidade traumática que as experiências precoces, sem palavras que pudessem organizá-las, passaram a representar.

Nesse caso é necessário um trabalho clínico diferente daquele habitualmente empreendido com os pacientes cuja problemática conseguiu ultrapassar as questões básicas da identidade e da existência. Será necessário um trabalho de nomeação e de tradução das experiências vividas, tal como os cuidadores poderiam ter feito, mas falharam nessa função. O trabalho de reconstituição histórica e as associações possíveis a partir dela também não são feitos pelo paciente sozinho, e sim com a participação viva e ativa do analista, lembrando que a associação livre e a transferência clássica não operam nesses casos pelo motivo óbvio de que a depleção simbólica e a frágil economia psíquica desses pacientes são incompatíveis com a expectativa da produção de sentidos simbólicos e interpretativos e da neurose de transferência necessárias à aplicação da análise clássica. Trata-se muito mais, como propõe McDougall (1987), de uma transferência fundamental, arcaica, que irá exigir do analista um manejo diferente daquele habitual na condução com os pacientes capazes de uma transferência dita neurótica. Em "O medo do colapso", Winnicott (1994) nos fala da comunicação primitiva, que leva em consideração a comunicação pré-verbal, pré-simbólica, exigindo do analista desempenhar a função de *holding* não exercida pela mãe.

> A relação analítica com esses pacientes frágeis desperta no analista reações contratransferenciais específicas, que podem ser muito diferentes das que são suscitadas pelos analisandos de 'eu sólido'. Primeiramente, há um paradoxo, no sentido em que os pacientes, ora designados como 'frágeis', criaram estruturas defensivas particularmente inabaláveis. Essa autoconservação psíquica – técnica de sobrevivência – seria equivalente à criação de um baluarte contra um perigo de morte. Talvez esse perigo enraizado no mundo pré-simbólico corresponda àquilo que Bion descreveu como o terror-sem-nome. O bebê cuja mãe não é capaz de conter a angústia de morte, no lugar de uma resposta (eventualmente um sentido às primeiras experiências), vai introjetar um objeto hostil numa parte vital de si mesmo. (McDougall, 1987, p. 129-130)

Esses pacientes podem nos fazer sentirmo-nos operacionais e desvitalizados como eles, o que levará à inoperância da análise.

"Os pacientes que procuram nutrir-se do analista a fim de aprender a viver, bem como aqueles que fogem dele e de sua intrusão mortífera, induzem-nos sutilmente a *actings*." (McDougall, 1987, p. 131)

Eles podem exigir de nós a proteção e a reparação narcísica que não foram dadas na infância e a que, aos olhos deles, fazem jus e de que estão sendo privados. Eles podem se manter em aparente resistência a falar de si, levando o analista desavisado a realmente entender como resistência e interpretá-la, quando na verdade não se trata de resistência e sim de um vazio de si e de uma necessidade de se proteger dos riscos de fusão ou de intrusão do analista.

> O analista deve endossar a não existência temida pelo paciente, e ao mesmo tempo reconhecer a necessidade que ele tem de conservar intactas as sólidas defesas contra um fantasma de intrusão por parte do analista – e que oculta o seu oposto: um pedido dirigido ao analista no sentido de que este se torne o analisando e fale em seu lugar. Além disso, para alguns pacientes, o fato de ser obrigado a falar e se fazer entender é vivido como uma ferida narcísica suplementar no seio de uma transferência arcaica e fusional. Enquanto o paciente não se sentir 'estanque', o analista terá de fazer algo semelhante ao *holding*, termo criado por Winnicott e que significa, a nível da função analítica, sustentar no tempo os elementos psíquicos que o paciente, na impossibilidade de vivê-los na relação analítica, insiste em depositar no analista. (McDougall, 1987, p. 130)

Tratar desses pacientes é uma tarefa que nos pede delicadeza, sensibilidade, organização interna suficiente para lidar com a organização frágil do outro e disponibilidade para cumprir algumas tarefas em que os cuidadores iniciais falharam, em especial as que envolvem o *holding* e a comunicação primitiva, o que exigirá um manejo diferente da transferência e da técnica psicanalítica.

5
Sofrimentos precoces e as patologias ao longo da vida: conexões, raciocínio clínico e intervenções

As emoções maternas e as experiências vividas durante os mil primeiros dias de vida, que incluem a gestação e os dois primeiros anos de vida, impactam de maneira significativa a vida do sujeito a curto, médio e longo prazo, existindo evidências de correlações com índices de suicídio, vulnerabilidade psicossomática, uso de drogas, desempenho escolar e no trabalho, envolvimento com a criminalidade e níveis de ansiedade e depressão.

Vimos que a aquisição da linguagem simbólica é um grande divisor de águas para a compreensão das patologias, pois, tendo o sujeito nela ingressado, as principais janelas do desenvolvimento psicoafetivo-cerebral já foram vencidas, e os eventos com potencial traumático, como ruptura de vínculos, terão um efeito desorganizador menor. Paradoxalmente, a vinculação também pode representar uma ameaça para aqueles que, no início da vida, tiveram experiências de relações intrusivas e sufocantes, provocando uma tendência a uma defensividade excessiva diante da possibilidade de relacionamentos mais profundos que podem ser percebidos como invasivos ou fusionais. O psiquismo anterior à linguagem é um psiquismo ainda em constituição. Os eventos traumáticos imprimem, durante esse processo de constituição, a sensação de descontinuidade, que em última instância é experimentada como ameaça à integridade e à continuidade da vida, gerando lacunas onde se instalam as vulnerabilidades para as patologias. Essas patologias se manifestam quando os eventos traumáticos futuros colocam o sujeito em contato com a repetição das sensações experimentadas nesses primeiros eventos, registrados nesse tempo anterior à linguagem. A patologia se associa, nesses casos, à ativação de reações psíquicas e autonômicas características de um tempo em que ainda não estavam operantes as capacidades simbólica, imaginativa e interpretativa para o manejo de níveis elevados de tensão no aparelho mental.

A clínica demonstra que os adultos que se fragmentam menos, mantendo a coesão egoica diante de eventos provocadores de disruptura e descontinuidade, são aqueles que, quando bebês tiveram cuidadores que ofertaram a eles conexões entre sensações, afetos e palavras, protegendo-os do caos que é provocado quando os registros sensoriais são desacompanhados de trocas lúdicas e linguageiras que deem sentido a eles.

Quando recebemos um paciente adulto, já com vulnerabilidades, adoecimentos e comorbidades, como podemos correlacionar as desordens apresentadas com os momentos iniciais de sua vida?

A abordagem das patologias predominantemente apresentadas na atualidade vai além das questões relativas à fragilização do Nome-do-Pai, pois seus núcleos patógenos se situam antes mesmo da aquisição da linguagem, antes do ingresso na vida simbólica, ou seja, se referem a problemáticas que antecedem a instalação da função paterna.

5.1 Marcadores clínicos decisivos para o estabelecimento das diretrizes de tratamento

É possível estabelecer as conexões entre os sofrimentos precoces e as patologias ao longo da vida, mostrando de que forma as falhas ou insuficiências ocorridas nas fases iniciais do desenvolvimento – na gestação e na infância – comprometem a instalação das funções psíquicas necessárias ao desenvolvimento saudável. A gravidade dos eventos quanto ao seu potencial traumático é avaliada em relação à aquisição dos principais marcadores clínicos da constituição da subjetividade.

Vamos apresentar a seguir as conexões entre os principais marcadores clínicos precoces e as patologias ao longo da vida, norteadoras para o estabelecimento das diretrizes terapêuticas na clínica com bebês, crianças, adolescentes e adultos.

5.1.1 A gestação

A gestação corresponde a um período de intensa simbiose mãe-bebê e de inscrição de acontecimentos genéticos e epigenéticos, incluindo fatores afetivo-relacionais, que podem influenciar por toda a vida a forma como os acontecimentos podem impactar o sujeito. Apesar dessa intensa simbiose, temos também que considerar as manifestações desse novo ser que, ainda no útero materno, apresenta capacidades muitas vezes desconsideradas, como se sua vida só começasse no nascimento. Talvez, devido a isso, a grande maioria dos manuais de desenvolvimento falam do bebê a partir de seu nascimento. Muitos teóricos da psicanálise também começam suas formulações a partir do primeiro ano de vida, deixando uma lacuna teórico-clínica que pode dificultar a produção de conexões importantes com possíveis sofrimentos ao longo da vida.

Desde a concepção, o estado afetivo da mãe e o contexto desse acontecimento pode facilitar ou dificultar a vinculação mãe-bebê. O bebê vem e pode ou não ocupar um lugar no desejo dos pais. Está ali, mas precisa se implantar não apenas no útero materno, mas também na história dos que o precedem, para então iniciar aos poucos a sua própria história.

Diversos comprometimentos podem ser percebidos desde esses primórdios: a não percepção da gravidez, a percepção tardia da gravidez, a rejeição do bebê, as disrupturas provocadas pela impossibilidade de elaboração das mudanças, como por exemplo a percepção do bebê como uma coisa, um objeto que estaria ali dentro, já sinalizando possíveis riscos psíquicos. A não percepção ou percepção tardia da gravidez podem sinalizar a impossibilidade de conferir existência a esse bebê, deixando *imprints* que são percebidos, em sua vida futura, na sua luta para se fazer existir no desejo de alguém.

Uma mãe feliz e conectada com seu bebê produz nele sensações de tranquilidade e bem-estar, com movimentações indicativas de alegria e vitalidade, e que deixam *imprints* que podem ser observados mais tarde no gosto por brinquedos de vai e vem, sobe e desce, mostrando um prazer e uma segurança que outras crianças, cujas mães foram deprimidas e ansiosas durante a gestação, podem não demonstrar.

A ansiedade e a depressão materna durante a gestação influenciam as propensões à ansiedade, depressão, risco de suicídio, baixo desempenho e evasão escolar, envolvimento com drogas e criminalidade, entre outros.

> Isso porque, na etapa entre o nascimento e os cinco anos de idade, o cérebro se desenvolve rapidamente e é mais maleável. Assim, é mais fácil incentivar habilidades cognitivas e de personalidade – atenção, motivação, autocontrole e sociabilidade – necessárias para o sucesso na escola, saúde, carreira e na vida. (Franco, 2019)

5.1.2 O nascimento e as primeiras horas de vida

O nascimento é uma experiência radical de passagem da vida aquática para a vida aérea. A luta pela sobrevivência pode ser traumática dependendo dos acontecimentos que envolveram o nascimento e as primeiras horas que se seguem a ele. Dadas as condições de ruptura entre a vida dentro de um invólucro e a vida fora dele, o bebê é impactado com a premência de ter que respirar por si mesmo, fazer a própria termorregulação, alimentar-se de forma ativa e lidar com a imaturidade de seu aparelho digestivo, entre tantas outras mudanças. Dessa forma, o recém-nascido procurará pelos sinais sensoriais que conhece e que o conectam com o mundo que experimentou até então, em especial os batimentos cardíacos da mãe, a voz da mãe e a voz do pai, o contato pele a pele, o toque e o contorno dado pelo colo seguro como equivalentes do contorno dado pela placenta e do líquido amniótico batendo na pele. O olhar e o rosto maternos transmitem sinais para esse bebê ávido por comunicação. Esses são os principais fatores que constituem a janela do nascimento, e sobre os quais devemos nos aprofundar a fim de entendermos as consequências advindas das vivências bem-sucedidas ou malsucedidas que envolveram essas primeiras experiências.

5.1.3 O olhar e o rosto maternos

A troca de olhares entre a mãe e o bebê é fundamental para a formação da identidade e para o estabelecimento de uma comunicação afinada entre eles. O bebê precisa reconhecer no olhar e no rosto maternos sinais de felicidade e apaixonamento por ele, criando as bases para que possa se validar como capaz de mobilizar o desejo do outro, acreditando-se ser aquele que provoca o prazer materno. Dessa forma a mãe, marcada pela falta, dá a seu bebê a sensação de que busca nele o preenchimento dessa falta. E isso, embora imaginário e temporário, é o que permite a necessária alienação inicial ao desejo do outro, para mais tarde desalienar-se e assumir-se desejante. Mas, se à mãe nada falta – e na verdade só ao objeto nada falta –, essa mãe se apresenta como objeto e o bebê vai, nesse caso, se objetalizar, por identificação à mãe-objeto. Na clínica, precisamos estar atentos às mães que se sentem fálicas à revelia do bebê, prescindindo da existência dele para se sentirem "completas" e se desgarrando dele prematuramente demais, antes mesmo que este se agarre nelas. E sabemos que no início, especialmente até seis meses, é importante que se efetive esse agarramento mútuo para depois se promover a separação gradativa, na medida das aquisições psíquicas e físicas do bebê. O desgarramento precoce deixa o bebê à deriva, por comprometer as funções identitárias e por ele ser incapaz ainda de ser o seu próprio sistema de para-excitações, tendo, assim, que fazer esforços acima de suas capacidades para se proteger de estímulos externos e internos que não domina e não sabe resolver.

Por outro lado, quando as mães fazem uma simbiose com o seu bebê para além do tempo necessário, dando a eles o lugar de preenchedores de suas faltas, provocam entraves ao desenvolvimento e à conquista da condição de um sujeito desejante e não mais alienado ao desejo materno. Em situações mais graves, todo movimento do bebê em direção a circuitos pulsionais distantes do corpo materno e do desejo materno será tolhido pela mãe, criando as condições para o adoecimento psíquico da criança.

Nos casos de depressão materna, o bebê tenta preencher o vazio de sua mãe e isso pode provocar uma desvitalização desse bebê, o que se dá também pela identificação do bebê com a tristeza expressa na voz e no olhar da mãe.

5.1.4 A voz da mãe e a voz do pai

O bebê busca, já ao nascer, pela voz da mãe e pela voz do pai. A voz da mãe, conhecida por ele até mesmo antes de conhecer a voz do pai, acalma o bebê e devolve a ele um de seus referenciais para se sentir seguro, protegido. A voz do pai, que pôde ser ouvida pelo bebê desde o quinto mês de gestação, também é buscada por ele desde o nascimento, facilitando a conexão entre o mundo aquático e o mundo do lado de fora que agora experimenta. Se os pais conversam com o bebê em manhês, isso o tranquiliza e vai dando a ele aos poucos a linguagem que o precedeu e na qual será inserido, como uma das formas mais importantes de troca com o outro. Somos desde sempre seres ávidos de linguagem. Precisamos das experiências e das palavras que dão nome a elas, e assim, aos poucos, o bebê vai associando sentimentos, sensações e percepções com as palavras que as organizam no mundo da linguagem. Sem os significantes para dar nome ao vivido, corre-se o risco de se enclausurar num mundo de sensações e percepções caóticas, nos automatismos do corpo e no esquema corporal, sem avançar para o simbólico que envolve a linguagem e, por meio dela, a organização da experiência, em especial a experiência afetiva.

5.1.5 O contato pele a pele, o toque e o colo seguro

Ao nascermos, não está completo o processo de mielinização de neurônios. O toque, o carinho e o aconchego em um colo seguro constituem poderosos estímulos para a maturação neurológica. Com um psiquismo ainda em desenvolvimento, é fundamental proporcionar ao bebê a sensação de continuidade entre a vida aquática e a vida aérea, com adaptações gradativas ao mundo externo, para que ele não precise reagir excessivamente aos estímulos que interrompem seu bem-estar, cabendo aos seus cuidadores essa função.

> No momento de nascer o bebê não está ainda preparado para uma intrusão prolongada [...]. O 'continuar a ser' pessoal do indivíduo é interrompido por reações a intrusões prolongadas. Quando o trauma do nascimento é significativo, cada um dos aspectos da intrusão e da reação é, digamos, entalhado na memória do indivíduo da mesma forma como nos acostumamos a ver quando os pacientes revivem experiências traumáticas de uma época mais tardia. (Winnicott, 2000, p. 265)

Se o bebê não é tocado, aconchegado e protegido, o desenvolvimento de um verdadeiro *self* fica prejudicado, interrompido por intrusões de estímulos aos quais o próprio bebê tem que reagir. Quando falha o sistema de para-excitações que deveria ser constituído pelos pais, o bebê não tem como fazer adaptações gradativas ao mundo externo, tendo ele mesmo que exercer essa função para a qual ainda não está preparado. Essa alta reatividade do bebê deixa marcas indeléveis em sua forma de recepção de estímulos e o torna propenso à ansiedade, pois, em situações futuras que provocarem sensações de descontinuidade e imprevisibilidade, tenderá a superdimensionar o perigo, acionando mecanismos autonômicos associados à ansiedade. Esses mecanismos denotam a mesma desregulação que registraram precocemente: aumento da frequência cardíaca, sensação aumentada de medo, insegurança ou pânico, vertigem, necessidade premente de ajuda para saírem da situação de desconforto. Essas situações são muito variadas, mas o que importa é que para aquele sujeito elevam os níveis de excitação psíquica, causando mal-estar. Pode ser a entrada em um avião, pode ser o fato de estar em uma aglomeração de pessoas, pode ser ouvir uma voz que remeta à lembrança de um agressor ou qualquer situação que tenha o potencial, para aquele sujeito específico, de provocar a sensação de disruptura, de descontinuidade e de ameaça à integridade, ainda que objetivamente não seja para a maioria das pessoas algo ameaçador. Na verdade, algum risco sempre existe e não precisa ser negado: o risco da estrada, o risco do voo, o risco de viver. A diferença é que quem teve acionamentos precoces de respostas autonômicas às sensações de ameaça, quando o psiquismo e o cérebro ainda estavam em formação, registrou *imprints* dessas sensações antes de poder manejá-las dentro de um espaço de representação, dado que esses eventos aconteceram antes da aquisição simbólica. Mais tarde, na vida adulta, quando essas mesmas sensações são disparadas, não passam pela representação e acionam respostas autonômicas características da ansiedade, demandando ao longo da vida a presença acolhedora de alguém com a capacidade de dar um contorno e palavras que transmitam segurança e que possam operar a sedação da angústia. É por isso que, como parte das condutas para retirar o paciente da crise, o analista deve efetivar as operações simbólicas levando em consideração o exposto acima, pois esses pacientes têm necessidade de um fiador que lhes assegure que o mundo não é tão ameaçador, instável e perigoso quanto lhes parece quando estão sozinhos. Na medida em que o tratamento evolui, a necessidade de que o analista encarne essas funções diminui e o sujeito vai se tornando capaz de encarnar ele próprio as funções automaternantes. Ele passa a aceitar o mundo e lidar com ele numa óptica adulta, ou seja, um mundo que comporta riscos e que nos convoca a viver sem nos tornarmos dependentes da ilusão de garantia de um mundo estável e seguro.

5.1.6 A amamentação

Temos aqui um ponto fundamental para entendermos diversos sofrimentos. A forma como um bebê foi amamentado e a forma como foi desmamado nos fornecem norteadores importantíssimos para a definição de condutas clínicas.

A experiência bem-sucedida de amamentação é uma experiência de prazer mútuo entre a mãe e seu bebê. No bebê, nesse momento em que ainda se percebe como um só ele-e-a-mãe, esses registros de satisfação geram traços mnêmicos que vão constituir as primeiras experiências do tipo alucinatórias para o bebê. Retirado do seio após satisfeito em suas necessidades de nutrição e afeto, ele vai "mamar" sem estar ligado ao seio, reproduzindo o prazer vivido. Essa experiência, considerada protótipo para se entender a pulsão, evidencia exatamente que a pulsão não está a serviço do biológico, mas apenas nele se apoia. O prazer de mamar e o desejo de se ligar novamente ao seio não dependem da fome: a pulsão se autonomiza em relação à necessidade biológica.

A mamada satisfatória, em que o bebê, além do leite que o protege do desconforto da fome, recebe também o olhar da mãe, sua voz, seu colo, seu toque e seus sinais de prazer, protege o bebê de seu desamparo. Reproduzir a mamada depois de retirado do seio, por meio dos seus lábios "mamando" na ausência do corpo do outro, de modo pseudoalucinatório, indica que as sensações de satisfação que acabou de viver quando estava mamando em sua mãe podem ser reproduzidas à revelia da presença física do seio materno. Essa experiência constitui a base para a criação da fantasia e portanto tem uma importância clínica fundamental, pois vai nos dar os indícios da capacidade de fantasiar que se desenvolveu a partir desses registros de satisfação.

O outro ponto importante é justamente a constatação de que somos capazes de reproduzir o corpo do outro no nosso próprio corpo. É isso que o bebê faz quando seus lábios "mamam" no seio que não está mais ali em sua boca. Mas a experiência de fantasia permite fantasiá-lo ali onde não está e, consequentemente, reproduzir o prazer e dominar a frustração, podendo a partir daí recorrer à fantasia como uma forma de suportar o adiamento da satisfação.

Como somos capazes de reproduzir, na fantasia, o corpo do outro em nosso próprio corpo, pelas sensações que a experiência gerou, vê-se que é de suma importância que essas sensações sejam de prazer, para que a fantasia opere e gerencie a satisfação, inclusive seu adiamento quando necessário.

Mas o que pode acontecer quando a experiência de reproduzir o corpo do outro em nosso próprio corpo, ao invés de carregar as marcas do prazer e da satisfação carregar as marcas da angústia e do desamparo?

Precisamos estar atentos a isso na clínica, pois, em qualquer idade, o sujeito pode mobilizar operações simbólicas ou pode acionar operações do Real na tentativa de dominar a ausência do ser amado. Se se trata de alguém que teve inscrições suficientes de satisfação nas fases iniciais da vida, se a mãe apresentou o que Winnicott chama de preocupação "materna primária", foram criadas as bases para o desenvolvimento da fantasia.

> A mãe que desenvolve esse estado ao qual chamei de 'preocupação materna primária' fornece um contexto para que a constituição da criança comece a se manifestar, para que as tendências ao desenvolvimento comecem a desdobrar-se, e para que o bebê comece a experimentar movimentos espontâneos e se torne dono das sensações correspondentes a essa etapa inicial da vida. (Winnicott, 2000, p. 403)

A capacidade de fantasiar permite o desenvolvimento da criatividade e das capacidades simbólicas e imaginativas. Diante da ausência do ser amado, esses mecanismos entram em ação para proteger o psiquismo e ajudá-lo a se recuperar da fratura causada pelo abandono (seja ele real ou imaginário, temporário ou definitivo). Na clínica com esses pacientes, notamos que, por mais que estejam em sofrimento, dispõem de recursos elaborativos para o manejo da dor. Produzem sonhos, apresentam depressão reativa, produzem sintomas conversivos, ingressam no processo normal do luto, buscam ajuda ou aceitam espontaneamente, na maioria das vezes, o movimento regressivo do aparelho mental para se proteger da dor excessiva da perda.

Mas quando, também em qualquer idade, na tentativa do sujeito de dominar a ausência do ser amado, são as operações do Real que entram em cena e não as operações simbólicas, porque falharam as bases para a criação da fantasia e essa não responde a contento, as produções não serão mais pelas formações do inconsciente, e sim as produções serão as formações do objeto a. Pelo menos no primeiro momento traumático da perda e ausência do ser amado, o que vamos observar, ao contrário do descrito anteriormente, é um movimento de desorganização do aparelho mental. Essa desorganização pode levar, por sua vez, ao aparecimento de sintomas psicossomáticos, dissociação psíquica e sintomas limítrofes com aqueles de natureza psicótica, quais sejam os que conferem ao sujeito sensações de despersonalização, desrealização, esfacelamento, aniquilação e sensações de descontinuidade e perda do contorno e da coesão egoica. Essas sensações são ligadas à ameaça à manutenção da vida, pois remetem às experiências vividas em um tempo em que a ausência física ou psíquica do ser amado realmente colocava a continuidade da vida em perigo, pois tudo o que ameaça o continuar a ser do bebê e sua homeostase é registrado por ele como sensação de morte, um tipo de *stress* acima de seus recursos de suportabilidade.

5.1.7 Os nove primeiros meses de vida e associações possíveis com os nove meses de gestação

Na vida intrauterina, mais que em qualquer outra época, as sensações de continuidade, previsibilidade e confiabilidade devem ser ofertadas e mantidas. Por isso mesmo, a ruptura dessas sensações provocará danos e deixará marcas indeléveis. Isso pode acontecer por motivos variados, causando sofrimento fetal numa época em que os *imprints*, ainda dissociados da linguagem, poderão ser reativados em qualquer idade. Mas há um período em especial em que podem ser reativados: durante os nove meses que se seguem à gestação. De suma importância clínica, essas observações nos orientam quanto às disfunções apresentadas pelo bebê nesse período, remetendo-nos diretamente a possíveis acontecimentos no período equivalente em que estava na vida intrauterina.

A disfunção apresentada pelo bebê no mês específico em que se encontra pode apresentar relações, não necessariamente causais, mas de significação e sentido, com possíveis sofrimentos ou desconfortos registrados no mês gestacional correspondente.

É interessante notar que, da mesma forma que é vital que o embrião, nos três primeiros meses, se implante numa vida humana, como condição *sine qua non* de sua sobrevivência, também é vital, nos seus três primeiros meses de nascido, chamados de gestação extrauterina, que se instale numa relação humana, como condição *sine qua non* de sua sobrevivência subjetiva e de linguagem. No início da gestação, a membrana de separação entre esses dois seres, mãe e embrião, é inexistente, começa a se formar aproximadamente entre a sexta e a oitava semana e só assume o controle a partir do terceiro mês de gestação. A simbiose entre eles é marcadamente profunda nesse período. A partir do terceiro mês ele já recebe o nome de feto e essa primeira membrana de separação está formada. Depois de nascido, também a "membrana" de separação está em formação, e a simbiose entre mãe e bebê é marcadamente profunda nesse estágio chamado por Spitz (1991) de pré-objetal, até que apareça, em torno do terceiro mês, o sorriso social, primeiro organizador da personalidade, indicativo do início da diferenciação mundo interno-mundo externo e marcando o início da fase denominada por ele de precursora do objeto.

Ao final da gestação, o bebê se prepara para viver separado do invólucro do outro, experimentando, segundo Dolto (2017), a sua primeira castração, chamada por ela de castração umbilical. Podemos observar em torno do oitavo/nono mês após seu nascimento, a angústia da separação. Spitz (1991) situa aí o segundo organizador da personalidade, quando o bebê estranha as pessoas que não fazem parte de seu convívio e apresenta angústia ou ansiedade de separação. Ele conquista uma capacidade de se diferenciar do outro, sendo suscetível às sensações de angústia relativas à perda do objeto, mas já diferenciado desse objeto.

Correspondendo ao período da gestação extrauterina, em torno do 12º mês após o nascimento, o bebê apresenta o terceiro organizador da personalidade segundo Spitz (1991), quando começa a dominar o uso do não, mostrando que seus desejos são diferenciados do desejo do outro, ampliando suas habilidades comunicacionais e motoras e podendo portanto prescindir cada vez mais do corpo materno e se direcionar para novas trocas lúdicas.

Consideremos um bebê que começa a apresentar dificuldades para se alimentar no sétimo mês. Havia aceitado bem a introdução de líquidos e alimentos pastosos a partir do sexto mês e estranhamente no sétimo mês começa a rejeitar a alimentação, chegando a vomitar se forçado, o que causa desespero na mãe, já que a função nutridora está para muitas mães diretamente ligada à sua capacidade de amar, em uma equação amar = nutrir. Quanto aos acontecimentos relativos ao sétimo mês de gestação, a mãe diz que foi identificado o espessamento da placenta, que o bebê começou a perder peso e entrou em sofrimento, o que gerou a indicação do parto prematuro. A sensação de fome, vivida na vida intrauterina, ameaça a sobrevivência, e é isso que é registrado, já que a palavra fome não existe para o bebê, ainda incapaz de nomear como tal essa sensação. Quando o bebê estava no sétimo mês de vida, esses registros que o aproximaram da sensação de morte – fome seguida da inesperada descontinuidade da vida aquática – retornam, provocando a desregulação da relação com a alimentação e com a função nutridora.

No ano seguinte ao seu nascimento, nas proximidades do Natal, estando esse bebê com um ano e dois meses, pergunto a ele o que quer que o Papai Noel lhe traga de presente e ele me responde: papá, papá. Esse bebê passou fome dentro da barriga, sentiu sua sobrevivência ameaçada e teve que vir ao mundo ainda mais despreparado para a luta porque não pôde usufruir da vida intrauterina nos dois últimos meses de gestação, onde cresceria e amadureceria algumas funções importantes. Em torno do sétimo/oitavo mês após o nascimento, diante da dificuldade inerente ao processo evolutivo esperado para esse momento, a angústia da separação, esse bebê têm uma angústia maior a enfrentar do que os bebês que estariam ocupados unicamente do enfrentamento dessa prova da angústia da separação enquanto processo evolutivo.

Ele já tem aí uma reincidência traumática; enquanto outros bebês da mesma idade gestacional ainda terminavam seu processo de maturação preparando-se para a vida aérea, ele já estava vivendo uma descontinuidade desprazerosa (a fome) e sendo prematuramente expulso do seu primeiro ambiente. Chegada a hora de lidar com representantes psíquicos da separação, em torno do oitavo mês, ele é remetido aos *imprints* da expulsão precoce, do encontro de uma angústia psíquica da separação com uma angústia somática da separação, confirmando novamente a ameaça de sobrevivência, um risco que se atualizou em uma placenta espessa que o deixou sem alimento e o fez separar-se precocemente de sua mãe. A tentativa feita de desmamar o bebê, nesse momento, e colocá-lo em um hotelzinho constituiu-se numa exigência acima das suas capacidades elaborativas: ele estaria perdendo a mãe e não o seio, privado mais uma vez daquela que o alimenta. O bebê se confunde em sua angústia, se apresenta agitado, aflito, com fome, mas com dificuldade de se organizar diante do alimento, parecendo precisar regredir a momentos evolutivos anteriores onde a vida era mais segura. Separar-se ficou associado ao risco de não sobreviver, de não encontrar alimento nem dentro e nem fora da barriga.

As separações devem ser evitadas quando o bebê está atravessando a "angústia do oitavo mês", também conhecida como "fase do estranho" ou "angústia da separação". Encontrar a confirmação dessa separação na realidade pode ser desastroso para a superação desse trabalho psíquico tão importante para o aparelho mental do bebê que, a partir daí, alcança uma melhor diferenciação eu-outro e uma maior capacidade de representar psiquicamente o ausente, tornando-o presente.

Os objetos transicionais são indicativos dessa capacidade representacional, quando um objeto, carregado de afeto, ajuda o bebê a suportar a ausência materna. O objeto transicional representa a transição da criança de um estado fusional com a mãe para um estado em que se percebe como separado dela. Ao longo do tempo ele será desinvestido e se tornará distribuído pelo espaço transicional que será ocupado não mais por um único objeto mas por atividades lúdicas e criativas ao longo da vida, objetivando aliviar o ser humano das tensões entre a realidade interna e a realidade externa.

5.1.8 A função identitária

A função identitária se desenvolve a partir da necessária alienação ao desejo do Outro, seguida da imprescindível desalienação e separação desse Outro para então se assumir desejante. De tão fundante e estruturante, esse processo deixará marcas indeléveis no sujeito em constituição.

O bebê se identifica com o olhar materno, portador de sinais de felicidade e bem-estar, de apaixonamento por ele, ou, ao contrário, portador de sinais de entristecimento, angústia, vazio, sofrimento ou *ex-tranhamento* a esse bebê.

Por isso é importante prestarmos atenção ao olhar do bebê, pois ele pode nos dar indicativos do sofrimento psíquico, direcionando nossas intervenções.

A convergência ocular é um dos indicativos de uma distância ótima entre mãe-bebê. Portanto, quando há comprometimentos na estabilização da convergência ocular, na ausência de motivos orgânicos para isso, podemos hipotetizar que a mãe está distante demais – insuficiente – ou presente demais – excessiva, intrusiva. É bom lembrar que perto demais ou distante demais está referenciado no conceito de mãe suficientemente boa, que alterna adequadamente presença e ausência. Alternar adequadamente presença e ausência significa só se afastar após o atendimento dos cuidados, o que inclui cuidados afetivos, e voltar a atender o bebê quando ele solicita novamente.

O olhar periférico, distante ou que não se fixa em outro olhar pode, somado a um conjunto de outros sinais, ser indicativo de risco autístico.

O olhar triste e vazio nos chama a atenção porque pode ser uma resposta a uma diversidade de sofrimentos a que a pessoa, em qualquer idade, pode estar exposta. De um modo geral, denuncia uma relação ou até mesmo uma vida esvaziada de prazer, desprovida de atividades lúdicas e já com sinais de desistência diante dessa realidade. Pode também indicar alguma forma de depressão, seja reativa e temporária, seja em outras de suas manifestações mais crônicas. Algum sofrimento que não possa ser falado, como angústias não verbalizáveis, abusos ou outros em que haja impedimentos conscientes ou inconscientes de expressão, também são desvitalizantes e podem se mostrar pela desvitalização do olhar.

Assim, as primeiras formas que o bebê tem de se ligar ao mundo depois do corte umbilical envolvem principalmente o rosto materno, sua voz, seu olhar, o toque e a experiência da amamentação. É nesse primeiro contexto que a experiência de reproduzir, em seu próprio corpo, a experiência vivida no encontro com o corpo do outro é registrada, tornando-se uma operação psíquica complexa para sempre passível de se repetir.

Vejamos como essa operação se dá: o bebê tem o peito da mãe em sua boca, mama, obtém o leite que apazigua seu mal-estar se estava com fome, e independentemente da fome obtém a satisfação envolvida com o prazer da sucção e do preenchimento oral, além do prazer da presença materna, sua voz, seu olhar, seu aconchego. Então, após as mamadas, é possível ver o bebê, já não em contato com o corpo materno, reproduzindo em seus lábios os movimentos de sucção como se estivesse ainda no seio materno, num processo pseudoalucinatório que lhe permite reproduzir, em seu próprio corpo, o corpo do outro, que não está mais ali. Essa operação psíquica tem uma importância clínica enorme, pois precisamos ser capazes de identificar suas reedições ao longo da vida, quando, principalmente diante de separações, o sujeito oferta inconscientemente o seu corpo para a presentificação do corpo do outro, repetindo, na ausência deste, experiências vividas no contato com o corpo do outro como o bebê que vivencia o peito da mãe em sua boca quando ele não está mais ali. Esse é um dos mecanismos frequentemente identificado em pacientes psicossomáticos, quando podemos observar que sua lesão retrata o outro que se foi, que o abandonou. O sintoma apresenta muitas vezes um mimetismo com o sintoma do ser ausente, como uma forma de torná-lo presente, numa manobra perigosa de não se haver com o luto. Perigosa porque vai privilegiar as vias do real do corpo, em vez das vias simbólicas de elaboração do luto.

Vejamos como o avanço nas conquistas das capacidades simbólicas pode proteger o bebê do aprisionamento nas vias de expressão do real para que possamos entender como manejar isso clinicamente.

Na experiência da amamentação, vivida no corpo a corpo com a mãe, são gerados traços mnêmicos que aos poucos são transformados em representações psíquicas dessa experiência. Banhado de afeto e palavras, o bebê pode organizar o mundo interno, as sensações e as experiências vividas, e o mundo externo a ele, diferenciação essa gradativamente alcançada. Mas quando as experiências não são acompanhadas de afeto e palavras que as signifiquem, vai predominar o mundo interno dos automatismos fisiológicos e o mundo externo caótico e ameaçador. Isso é muito comum quando os cuidados dirigidos ao bebê se restringem a mecanismos robotizados e desacompanhados do afeto e das trocas lúdicas. Daí a importância de que as trocas relacionais sejam essencialmente de satisfação e prazer, para que as pulsões de vida possam predominar sobre as pulsões de morte e, por conseguinte, as vias representacionais de inscrição das experiências vividas sejam privilegiadas em detrimento das vias de inscrição no real do corpo.

Se, ao contrário, essas trocas relacionais forem predominantemente de frustração, privação e desprazer, de não presença, de rupturas antes do bebê ter desenvolvido as funções psíquicas que lhe permitem lidar com a separação, a pulsão de morte prevalece e as expressões do real aparecerão como tentativas de restauração do objeto. Dessa forma, o real do corpo se apresenta como um suporte para a presentificação do ausente, denunciando a precariedade de recursos do sujeito para o manejo psíquico da dor da separação. Por isso é importante poder falar da perda, para que, passando para a linguagem, o corpo se desocupe de ter que carregar esse outro ausente e dar a ele um lugar. Muito frequentemente encontramos na clínica pacientes que adoecem diante da perda ou ruptura de um laço afetivo nem sempre importante, mas cujos efeitos são potencializados por remeterem o sujeito a uma perda ocorrida na infância, num tempo em que não pôde expressá-la ou elaborá-la.

Na clínica com esses pacientes, sua incomensurável dor e as expressões dela, somáticas ou não, percebidas muitas vezes até pelo próprio paciente como incompreensivelmente desproporcionais, gerando um caos interno, ofertaremos um longo trabalho de elaboração, que passa pela organização dessa dor e desse caos interno e vai construindo os elos faltantes entre o momento atual e as experiências do passado que não passa, que fica ali clamando por uma organização psíquica e um lugar no espaço das representações. Até que isso seja possível, o sujeito pode viver num estado de aparente aquietação que se transforma facilmente em inquietação a cada vez que é remetido às mesmas sensações que foram registradas num tempo passado onde a linguagem estava insuficientemente desenvolvida e faltaram palavras no entorno. E sabemos que, à revelia da idade, é possível seguir assim, dado o caráter de atemporalidade do inconsciente, com a linguagem insuficientemente desenvolvida e precisando o sujeito, até que aumente seus próprios recursos simbólicos, de alguém capaz de colocar linguagem onde só havia um corpo preso na sensorialidade do mal-estar da experiência vivida ante à fragmentação da função materna. Construir as referências para lidarmos com esses novos sofrimentos e desordens, que nos pedem outras compreensões e outras técnicas, outras posições na transferência, isso é urgente e nos chama a trabalhar.

5.1.9 A função protetora

A função protetora, bem exercida, dá ao bebê a sensação de um mundo organizado e acolhedor. Ao contrário, a exposição a ambientes tantalizantes coloca o bebê em contato com um mundo instável e ameaçador, desorganizado e caótico.

As falhas na função protetora levarão o bebê a ser muito reativo, irritável, vulnerável a desregulações funcionais, pois o excesso de interrupções de seu bem-estar interrompe o continuar a ser do bebê para tentar se defender das intrusões para as quais não está preparado.

Pode ser que, em ambientes cronicamente invasivos e caóticos, o sujeito, em qualquer idade, esgote seus recursos de enfrentamento e passe a um estado menos responsivo, de indiferença, entristecimento e resignação.

Proteger o bebê e a criança de ambientes tantalizantes é primordial para seu desenvolvimento saudável, e todas as intervenções devem ser feitas nesse sentido. Para tanto, normalmente se fazem necessárias intervenções diretas na organização do ambiente, da rotina, das vinculações no entorno do bebê e da criança. A entrada de novos cuidadores, seja pela presença de alguém que possa exercer a função protetora maternante, ou, dependendo da idade, pela entrada na escola, pode contribuir para a formação de vinculações lúdicas e para organização da vida da criança. Mas devemos lembrar que essas medidas, embora bem-vindas em alguns casos, no momento certo, não dispensam o trabalho mais importante que é o de ofertar suporte para que os pais superem as dificuldades e conflitos que os estejam impedindo de exercer bem suas funções.

5.1.10 A função nutridora

A evolução alimentar é um dos indicativos de um desenvolvimento que é ao mesmo tempo fisiológico e relacional. Na medida em que o bebê vai sendo progressivamente desmamado e que novos alimentos vão sendo apresentados, aumenta também sua capacidade de percepção da diferença, já que os alimentos, progressivamente mais sólidos, ajudam nessa percepção. Do ponto de vista relacional, estender a amamentação exclusiva para além dos seis meses, quando novos alimentos devem ser gradativamente incluídos e o desmame gradativamente iniciado, provoca no bebê a sensação de que é perigoso distanciar-se da mãe, já que sua sobrevivência depende dela. O processo de conquista da autonomia fica comprometido. A boca, presa por tempo demais ao seio, fica ocupada em excesso com a satisfação ligada ao corpo materno e pouco disponibilizada para a conquista da linguagem, podendo gerar entraves ou atrasos nesse aspecto. O atraso no desenvolvimento da linguagem, por sua vez, gera comprometimentos na vinculação social, já que é principalmente via linguagem que fazemos novos laços sociais. A comunicação entre mãe e filho apresenta peculiaridades que a ajudam a compreender a "fala" do filho, mas fora desse laço muitas vezes não se entende o que a criança diz e isso gera prejuízos na conquista de novas trocas lúdicas para além da mãe.

O desmame brutal é desastroso para o bebê, especialmente se efetivado antes da diferenciação eu-não eu e se aplicado via separação da mãe, fazendo-o perceber o perder o seio como o perder a mãe, o que gera uma confusão entre perda do objeto total e perda do objeto parcial. Privar o bebê de forma brusca do seio materno, antes de ele adquirir a capacidade de busca de novos objetos, deixa marcas indeléveis e pode fazer com que no futuro a busca por um objeto de amor seja orientada pela necessidade de um parceiro nutridor, reforçando as possibilidades de uma relação baseada na dependência.

Deixar-se preencher-se passivamente diante do outro, ou seja, deixar-se alimentar para além da fome e também com pouca diferenciação em relação a quem a alimenta, manifestando uma certa apatia diante da alimentação, pode ser um sinal de que a criança entrou em esgotamento em suas tentativas de barrar a mãe. A potência materna que se manifesta frequentemente em sua função nutridora exaure o bebê e a criança, que entram em desistência, se permitindo serem preenchidos passivamente.

O excesso pulsional da mãe precisa ser barrado, e para isso o trabalho clínico deve ser direcionado a fim de que a mãe se preencha de outros prazeres para além do prazer de preencher o bebê. Ainda que não seja vivida como uma tarefa prazerosa, podendo ser até mesmo permeada por angústia, essa relação digestiva com o bebê, como se ele fosse um tubo a ser preenchido, de qualquer forma é como se a função nutridora fosse a única capaz de confirmar para essa mãe o seu lugar de mãe. Então, é preciso que o trabalho clínico com a mãe a legitime a ser mãe de outras formas, privilegiadamente pelas trocas lúdicas e linguageiras com a criança. A confirmação de seu lugar de mãe passará a vir também do cantar para o bebê, do brincar e conversar com ele, do cuidar de forma lúdica e da capacidade de diferenciar suas próprias demandas – de que o bebê coma para que ela se sinta preenchida – das demandas do bebê – de se alimentar apenas na medida de sua própria fome. Quando a mãe elabora que a alimentação do bebê não pode estar a serviço de confirmar a competência materna pela função nutridora, conquistamos dois resultados clínicos importantes, quais sejam o de despatologizar essa vinculação fechada e digestiva e fazê-la circular pelo campo das trocas lúdicas e da linguagem, e também o resultado de que a mãe não apenas se legitime como mãe nessas novas funções lúdicas e comunicacionais, mas também que se sinta desejante e viva para além do seu lugar de mãe – podendo buscar satisfação em outras trocas relacionais para além do bebê. Isso tem um efeito libertador também para o bebê, que se desocupa da obrigação de satisfazer todas as demandas da mãe, visto que esta passa a se mostrar satisfeita em suas próprias realizações e trocas relacionais. Dessa forma, o cuidado com o bebê passa pela alegria de fornecer a ele, apenas na medida do que ele demanda, o suprimento de suas necessidades básicas, deixando-o livre para indicar, com gestos ou palavras, quando está satisfeito e pedindo que não o forcemos a fazer mais do que gostaria só para nos ver "felizes". O pedido comum das mães, "come tudo para a mamãe ficar feliz", é um exemplo clássico de uma distorção a ser evitada, pois uma pessoa não pode comer para a outra ficar feliz; o corpo da criança pertence a ela própria e ela deve aprender a lidar com os sinais que ele emite, como os de fome, de sede, de eliminação, de sono. Essa aprendizagem fica gravemente comprometida quando a criança não pode se orientar pelos sinais de seu próprio corpo, desrespeitando-os como um preço para obter aprovação dos adultos e para dar a eles a cota de alegria que estes deveriam ser capazes de obter por si mesmos e não pela submissão do corpo da criança às suas demandas de preenchimento.

A recusa a receber o alimento e a anorexia podem ser consideradas tentativas de barrar os ideais impostos. A recusa ao alimento constitui uma das mais fortes fontes de angústia para os pais e em especial para a mãe excessivamente identificada à sua função nutridora. Quando as funções maternantes não se exercem através de outras formas de cuidar, sobrecarregando a equação cuidar = nutrir, os sintomas nessa esfera afrontam o narcisismo materno, muitas vezes fazendo-o desabar ou, por outro lado, acionando ainda mais defesas onipotentes de controle sobre o outro. Essas duas saídas são patológicas e agravam ainda mais o quadro de anorexia do filho, seja ele criança ou adolescente. A anorexia é mais frequente quando há imposição de ideais na família, sejam eles de beleza, de desempenho escolar, sejam de identificações forçadas com os pensamentos maternos ou paternos. Além disso, é mais frequente entre pessoas que apresentam outras patologias do ritmo, como aquelas ligadas ao sono ou a regulações diversas da homeostase.

Quanto menor a idade do paciente, maior a necessidade de abordar seus cuidadores, para capacitá-los e legitimá-los em suas funções maternantes e paternantes para além da função nutridora. Se o sintoma ficar fortemente atacado por eles numa imposição desesperada de que o filho coma, o filho sentirá que precisa cada vez mais se defender da onipotência dos pais e fará tudo para não perder essa defesa, já que é muito difícil encontrar outros aspectos em que os pais de alguma forma não invadam e tentem controlar. Mas comer é algo impossível de impor ao outro, podendo essa recusa levar até a óbito apesar de todos esforços contrários.

Já preencher-se excessivamente pode estar associado à tentativa inconsciente de preencher o vazio que é de outra ordem. A obesidade e a bulimia denotam uma desregulação das pulsões. Não tratadas, podem implicar em uma série de adoecimentos potencialmente graves e até fatais. Como a alimentação envolve um ritmo, é importante abordar outras funções que possam estar desreguladas, o que é comum, por exemplo a regulação sono-vigília.

No bebê, pode indicar uma desistência após tentativas frustradas de barrar a potência materna. Isso acontece com frequência quando as mães precisam superalimentar seus bebês para sentirem que estão cuidando bem deles. Há um ancoramento excessivo na função nutridora como compensação para déficits em outras funções, a exemplo da função lúdica. Brincar mais com o bebê pode restabelecer a vinculação lúdica e contribuir para regular a necessidade da mãe de superalimentá-lo. O bebê precisa ser alimentado de outros cuidados, de outros "alimentos" que também o fazem se desenvolver e, quando ajudamos a mãe a "metabolizar" isso, ela passa a ter sua identidade de mãe reforçada por outras funções, em especial pela função lúdica e comunicacional, e não precisa sobrecarregar a função nutridora para se sentir mãe.

5.1.11 A função reguladora do ritmo

A vida se desenrola num entrecruzamento entre o espaço, o tempo e a ritmação que se imprime ao que se vive num tempo e lugar. A primeira casa, o útero materno, tinha seu ritmo, ditado em parte pelo ritmo materno. A segunda casa, já envolvendo elementos externos, precisa dar continuidade relativa ao ritmo dessa primeira casa, introduzindo modificações gradativas em conformidade com o desenvolvimento da criança. Por mais simples que possa ser uma casa, é importante que sejam diferenciados os ambientes de se alimentar, de dormir, de estudar. Quanto a brincar, dependendo da brincadeira, ela é permitida em diversos espaços, sendo adequada aos diversos momentos que a criança vive e à fase do desenvolvimento em que se encontra. A criança quer brincar com as pessoas, mas quando isso não é possível, ela quer pelo menos brincar onde as pessoas estão. Por isso é importante permitir que alguns brinquedos sejam levados para o ambiente onde os adultos estão, para que a criança possa brincar em companhia destes, e que haja algumas caixas em locais diversos da casa para que a criança possa colocar os brinquedos que ali utilizou. Até a idade aproximada de quatro anos, a criança precisa de ajuda para recolher e guardar seus brinquedos, o que deve ser feito junto com ela e não para ela.

O ritmo da rotina durante o dia interfere na qualidade do sono, e portanto é importante organizar todo o ritmo de vida e não apenas o ritmo do sono. O ritmo dos pais, da família e da casa precisa ser levado em consideração, pois interfere diretamente na organização rítmica da criança. Ela precisa saber em quais momentos pode contar com a presença dos pais para companhia, para brincar e para outras atividades, pois assim tanto eles quanto a criança se organizam melhor e evitam desgastes como aqueles muito frequentes na atualidade, quando os pais chegam tarde do trabalho, a criança espera que eles possam brincar um pouco com ela e eles já ordenam que ela vá dormir, não tendo um outro tempo dedicado à criança.

O momento da alimentação não deve ser confundido com o tempo do brincar ou de outras atividades como jogos eletrônicos e televisão. O momento da alimentação é um momento de confraternização entre aqueles que compartilham desse tempo juntos, sendo importante não dispersar em outras atividades e sim concentrar no que a alimentação oferece de experiências sensoriais e afetivas.

Assim, tendo sua rotina organizada e ritmada entre todas as atividades, incluindo brincadeiras ao ar livre e de maior gasto energético, tempos de descanso e satisfação de suas necessidades de interação afetiva, a criança tende a ter um sono bom e regulação emocional satisfatória para lidar com seu dia a dia, com prazeres e frustrações.

O sono é um correlato da capacidade de separação, porque significa abrir mão dos bens de vigília e da presença do outro para se desligar do mundo externo. O sono se modifica com o desenvolvimento, com conquistas gradativas de um sono mais prolongado à noite e diminuição da necessidade de períodos de sono diurnos. A necessidade de se proteger do mundo externo através do sono vai diminuindo à medida que as funções psíquicas e biológicas vão tornando o bebê mais capaz de enfrentar os estímulos externos.

Tanto o excesso de proposição materna quanto a privação materna podem prejudicar a capacidade do bebê, e futuramente da criança e do adulto, de se separar do outro e se automaternar para adormecer.

A privação afetiva – o excesso de falta – danifica o processo de criação da fantasia, da capacidade de representar a presença na ausência. Isto significa que não foram dadas ao bebê as condições prévias para que ele possa prescindir da presença do outro para adormecer. Quando o bebê não teve satisfeitas suas necessidades de interação afetiva e comunicacional, que existem desde sempre, ele tem dificuldade de se desprender e precisa do outro para fazê-lo adormecer, se sentindo desamparado na ausência do outro.

O excesso também causa danos, quando a mãe se coloca como a única viabilidade psíquica possível para o bebê, não abrindo espaço para pequenas ausências, para o aparecimento do objeto transicional e a criação de novos vínculos afetivos. Isso dificulta que o bebê e a criança desenvolvam e acionem recursos para se desprenderem dela, já que isso é impedido pelo excesso de proposição de presença.

Na clínica, precisamos avaliar as vinculações com a criança a fim de identificarmos possíveis entraves à internalização gradativa das funções automaternantes, possibilitadas pela adequada alternância entre presença e ausência materna. É preciso que estejamos atentos a sinais como hipersonia, insônia e despertares noturnos a fim de investigarmos as diversas causas possivelmente envolvidas, entre elas alguns comprometimentos nas vinculações afetivas, com repercussões nas regulações das funções rítmicas.

5.1.12 O processo de individuação

Quando a criança tem autorização para existir apenas como extensão de seus pais, só podendo pensar e agir como eles e não sendo reconhecida quando se diferencia deles, ela pode desenvolver, como defesa, a reduplicação subjetiva, comprometendo o processo de individuação. A criança que só obtém amor e reconhecimento abdicando de seu jeito próprio de ser corre o risco de, na vida adulta, também se abdicar de si mesma e de seu próprio jeito de ser e viver para se manter num relacionamento. Carrega em si as marcas das primeiras relações, com as quais não podia romper, porque eram vitais. Nos primeiros meses de vida sim, elas eram vitais, e como esse *modus operandi*, registrado nesses momentos precoces, pode se repetir na vida adulta, é como se essas vinculações posteriores também fossem vitais e por isso mesmo quase impossível romper com elas. Viver a vida do outro, viver só o que o outro autoriza, ser em conformidade com o outro, isto é, fazer a saída pela reduplicação subjetiva, é algo sem dúvida limitante, mas protege o sujeito de entrar em contato com angústias ainda maiores, em especial a angústia de, a não ser por esse caminho, não existir para o outro.

A identificação adesiva pode ser uma defesa contra um vazio desestruturante. É comum que pessoas com déficits narcísicos importantes se identifiquem de forma adesiva a pessoas narcisadas. Mas trata-se de um equilíbrio precário e frágil, pois, não podendo contar com um capital narcísico próprio, qualquer ameaça de ruptura dessa relação pode mobilizar cargas imensas de angústia.

Nesses casos é importante trabalharmos com o sujeito na direção da (re)constituição do narcisismo e do desenvolvimento de recursos para habilitação de funções psíquicas não instaladas ou precariamente instaladas, como a consolidação de uma identidade própria e da capacidade de recusa da despersonalização como moeda de troca para obtenção de afeto.

A exposição a pais e escolas "digestivas" contribui para processos de despersonalização, quando a criança é obrigada a "engolir" aquilo que os pais ou as escolas querem, sem que esses conteúdos façam sentido para ela, e que, da "digestão" disso resulte exatamente o produto demandado por esses pais ou escola. Esse processo impede a criança de ser criativa, de desenvolver seus potenciais e limita sua alegria de viver, pois não tem como se apropriar daquilo que não faz sentido para ela. (Dolto, 1988)

Por último, quando, nas vinculações, não pode cada um ocupar o seu lugar e ocupar-se do seu desejo, isso provoca desvitalizações e adoecimentos. Por isso é importante que nossas intervenções busquem que cada um ocupe o seu devido lugar nas relações – lugar de pai, lugar de mãe, lugar de filho etc – e que desocupe também o outro de ter que responder de lugares que, ainda que fiquem vazios, não lhe pertencem. Nossa visada é que cada um, ocupando devidamente o seu lugar nas relações, possa se ocupar de seus próprios desejos e ao mesmo tempo permitir que o outro se ocupe também dos próprios.

A maior riqueza do homem é a sua incompletude.
Nesse ponto sou abastado.
Palavras que me aceitam como sou – eu não
aceito.
Não aguento ser apenas um sujeito que abre
portas, que puxa válvulas, que olha o relógio, que
compra pão às 6 horas da tarde, que vai lá fora,
que aponta lápis, que vê a uva etc. etc.
Perdoai.
Mas eu preciso ser Outros.
Eu penso renovar o homem usando borboletas.
(Manoel de Barros)

Parte II

ESPECIFICIDADES CLÍNICAS: DIAGNÓSTICO E TRATAMENTO

6
Ansiedades

A ansiedade materna durante a gestação implica em alterações de marcadores biológicos que são compartilhados com o bebê, tornando-o propenso aos efeitos da ansiedade a que foi exposto. Esses efeitos podem incluir a presença desses marcadores por muitos anos, fazendo com que o indivíduo responda de maneira exacerbada, ao longo da vida, a eventos que perturbem sua homeostase.

A sensação de iminência de morte, disparadora de ansiedade, corresponde à sensação de interrupção da continuidade. Morte é isso: interromper a continuidade. Quando dispomos de recursos simbólicos e imaginários para lidarmos com essa constatação, contornamos a dimensão do Real que ela comporta, e assim nos protegemos do mal-estar que o contato com o Real nos provoca. Os recursos simbólicos e imaginários nos permitem construir bordas para não cairmos nesse buraco que é a morte, viabilizando, principalmente através da linguagem, a construção dos contornos simbólicos para lidarmos com ela. Mas, antes da aquisição da linguagem, ser submetido a experiências de descontinuidade e de rompimento da sensação de segurança, dadas pela quebra da previsibilidade e da confiabilidade no ambiente, implica em registrar sensações de rompimento da continuidade, ou seja, sensações de iminência de morte.

É preciso que fique claro que esses registros, da ordem das sensações, ficam gravados na memória implícita e poderão ser reativados quando, no futuro, essas mesmas sensações forem mobilizadas, servindo de disparos para a ansiedade.

Com uma subjetividade e um corpo ainda frágeis, nascemos despreparados para a vida. Não somos capazes de buscar a própria comida, água, abrigo do frio ou do calor, não somos capazes de entender os estímulos externos, como o desconforto produzido por estrondos e excesso de luz, ou internos, como fome e medo, a começar pelo fato de que nem mesmo diferenciamos, no início da vida, mundo interno e mundo externo. É preciso que um outro seja para nós a comida, o abrigo, a proteção, a organização e a nomeação dos estímulos que, do contrário, irão se apresentar de forma caótica e brutal e terão efeitos desorganizadores para as conexões entre estímulo-sensação-nomeação da experiência. Esses efeitos passam muitas vezes despercebidos no início da vida, voltando a se apresentar quando esses mesmos núcleos atingidos e marcados por uma carência ou insuficiência de recursos forem reativados por provas que a vida impuser mais tarde, frequentemente caracterizadas pelas exigências de enfrentamento de situações provocadoras da sensação de desamparo, como separações, decepções, privações e disrupturas. Ficam nesses casos áreas de vulnerabilidade, de sensibilidade que podem até certo ponto se manter estáveis, compensadas, desde que o sujeito não seja exposto aos remanescentes daquilo a que precocemente foi exposto e cuja função psíquica foi lesada ou precariamente desenvolvida.

Dispomos de um sistema neuroperceptivo capaz de captar estímulos e interpretá-los, mas, antes do ingresso no mundo simbólico e da linguagem, com o aparelho mental ainda incipiente e em constituição, a diferenciação entre ameaças à integridade física e à integridade psíquica não opera eficientemente. Qualquer ameaça, ou seja, qualquer perturbação à homeostase e ao continuar a ser do bebê, é, no início da vida, processada como uma ameaça biológica, uma ameaça à integridade e à vida. Assim, a dor – física ou emocional –, o abandono, a exposição a excessos ou a privações, tudo isso é percebido e processado como uma ameaça biológica e, portanto, aciona respostas biológicas. No bebê, carente ainda de uma maturação psíquica e cerebral suficientemente desenvolvida para interpretar esses estímulos como ameaças à homeostase psíquica, a homeostase fisiológica é abalada e o organismo aciona mecanismos biológicos associados à ansiedade em resposta a ameaças de natureza subjetiva.

Os mecanismos básicos associados à ansiedade, isto é, mecanismos de resposta ao que é interpretado como um risco à segurança e à integridade, permanecerão para sempre, mas sofrerão modulações ao longo da vida, algumas delas se tornando possíveis com o desenvolvimento do aparelho mental. À medida que o aparelho mental se desenvolve, vai ampliando seus recursos para lidar com aquelas ameaças antes desprovidas de palavras e carentes de sentido. Com a capacidade de diferenciar ameaças biológicas – aquelas que põem a vida em risco – e ameaças psicológicas – aquelas que põem a integridade psíquica em risco –, o sujeito passa a responder de uma forma mais específica e diferenciada a um ou outro conjunto de ameaças, evitando entrar em colapso. No entanto, para algumas pessoas, as ameaças psicológicas põem a vida em risco, e suas reações simultaneamente emocionais e fisiológicas evidenciam isso, mostrando ser vital para elas, como no início da vida, a presença de um "fiador", alguém que lhes forneça a ilusão de um mundo confiável e seguro. Quando as falhas na confiabilidade do ambiente e no continuar a ser do bebê foram graves e precoces, antes da aquisição da linguagem e de uma identidade própria, num tempo em que a relação fusional ainda era necessária e asseguradora da estabilidade psíquica, a relação fusional será vivida, no futuro, como vital e asseguradora da estabilidade. Assim, é frequente que esses sujeitos estabeleçam relações fusionais com pessoas, funções ou ambientes, a exemplo de cônjuges, filhos, funções ocupacionais e *habitats* seguros, e que a perda dessas pessoas, funções ou *habitats* – suportes identitários e "fiadores" de um mundo estável – represente a perda de algo realmente vital para essas pessoas. E por que para outras pessoas tudo isso não operaria como vital, ainda que elas também possam desejar uma relação amorosa, uma função ocupacional e um *habitat* seguro, e elas não se desestabilizam diante da perda de seus amores, funções ou *habitats*? Tais pessoas também podem entrar em sofrimento na perda desses elementos, mas não a mesma modalidade de sofrimento se as primeiras experiências disruptivas aconteceram depois da conquista simbólica e do desenvolvimento de um aparelho mental capaz de representar mentalmente essas perdas. Poderão sofrer, mas tendem a entrar em um trabalho de luto, processando o que perderam como perda do objeto e não como perda de si mesmas no objeto. Elas tiveram o devido tempo para internalizar as funções automaternantes, especialmente as funções de estabilização psíquica, segurança, confiança no ambiente e nos recursos internos para lidar com ele e de representação psíquica da presença na ausência física do ser amado.

Portanto, ao perder relacionamentos, funções ou *habitats*, quando estes não exerciam a função de ancoramento identitário para o sujeito, ele consegue, após a elaboração do luto, deslocar a libido anteriormente investida nesses objetos para novos objetos e novos projetos.

O ingresso na linguagem e a aquisição da capacidade de atribuição de sentido favorecem o manejo do excedente de excitação provocado pela perda da segurança e da estabilidade, indicando um aparelho mental desenvolvido o suficiente para o enfrentamento da situação sem disparar a ansiedade.

O aparelho mental será requisitado, organizará as respostas às ameaças subjetivas e intersubjetivas, minimizando as respostas corporais envolvidas. Quando um sistema mais complexo de interpretação e processamento das ameaças entra em ação, permitindo respostas menos desorganizadoras e um grau de reatividade corporal imediata menor, os mecanismos associados à ansiedade não são disparados e o sujeito se mantém compensado.

A reatividade corporal imediata é necessária quando algo põe em risco a nossa sobrevivência. Nesses casos, o mecanismo de resposta direta ao *stress* é muito importante, pois a vida está de fato ameaçada e precisamos de respostas biológicas imediatas, não havendo tempo possível para interpretações e processamento de sentido, pois esse tempo poderia implicar em nossa morte. É o caso, por exemplo, quando nos assustamos com um carro que vem em nossa direção e corremos para salvar a vida, ou quando há um animal querendo nos atacar e isso dispara em nós reações de luta ou fuga.

Basicamente, essas são as duas respostas possíveis diante do que nos ameaça: lutar ou fugir, ou seja, enfrentar ou afastar, romper. Mas, além dessas reações que são possíveis para qualquer animal, o ser humano, com sua complexidade, pode ter uma terceira reação, que é o impasse. No impasse, ele não luta nem foge, nem enfrenta a situação nem sai dela. E a permanência no impasse é uma importante fonte de ansiedade e de transtornos psicossomáticos. Quando o sujeito não enfrenta nem sai de uma situação que lhe causa mal-estar, ele frequentemente nos relata sensações de confinamento e perseguição, isto é, sensações de que a situação é ao mesmo tempo insuportável e intransponível, fechando-se em um conflito que percebe como insolucionável. Essa é uma das situações que mais provocam distúrbios da ansiedade, disparando sensações fisiológicas correlatas àquelas que os animais apresentam sob essas mesmas condições, ou seja, quando se sentem perseguidos e sem saída, sem ter para onde correr, sem saber o que fazer diante daquilo que põe a estabilidade e a homeostase em risco.

É muito comum que busquemos, às vezes inconscientemente, situações que nos protejam de entrar em contato com essas sensações, como por exemplo quando buscamos nos relacionar com alguém que funcione para nós como "fiador", no sentido de nos garantir que o mundo é seguro e confiável e que, junto desse alguém, nada de mal irá nos acontecer, como uma criança que precisa do pai ou da mãe para sentir segurança. Dessa forma ficam protegidas as áreas de maior vulnerabilidade à descompensação psíquica, onde algumas funções de integração entre sensações, palavras e experiências ficaram precariamente desenvolvidas ou não foram desenvolvidas, mas que serão "asseguradas" por esse outro. Assim, podemos, às custas de um certo empobrecimento das interações sociais e afetivas, procurarmos relacionamentos e um modo de vida que cumpram essa função de estabilização e de evitação de contato com descontinuidades que seriam necessárias ao amadurecimento mas comportariam algum risco de desmoronamento. Porém, em algum momento, essa operação de estabilização pode falhar, o que é comum em situações inesperadas geradoras de incertezas, disrupturas, *stress* e angústia, como o fim desses relacionamentos com os "fiadores" da segurança e da confiabilidade no ambiente ou a perda de um trabalho que funcionava como ancoramento identitário.

Assim, as sensações de continuidade, previsibilidade e confiabilidade protegem o sujeito de entrar em ansiedade. A perda dessas sensações pode levar a uma necessidade exacerbada de se ter controle sobre o ambiente e os acontecimentos, denotando ao mesmo tempo a percepção de um mundo externo instável e não confiável, que precisa ser controlado para não se tornar caótico, e a percepção de um mundo interno frágil e inseguro para lidar com a transitoriedade e a impermanência.

As tentativas constantes de controlar os acontecimentos provocam no sujeito uma hiper-reatividade e hipervigilância que acabam por comprometer sua homeostase, o que denuncia o limite da eficiência desse mecanismo de controle diante da implacável constatação de que não controlamos o mundo, e tampouco podemos nos deixar ser completamente controlados por ele.

Mas a saída para não sermos tão abalados pela imprevisibilidade dos acontecimentos não deveria implicar em tentativas de controlá-los, e sim em sair dessa dialética – controlar para não ser controlado – para uma outra, que se traduz em desejar para não ser objetalizado. Desejar implica em se haver com os limites do ato. Desejar é sempre possível, realizar não. Desejar implica em se haver com as exigências éticas para sua realização, no sentido de responsabilizar a si mesmo pelos seus fracassos, naquilo que lhe competia e falhou, mas também entender que há outros determinantes envolvidos nos acontecimentos que não apenas o desejo, estando este sempre em contato com os conflitos entre as instâncias psíquicas e as forças da realidade externa que impedem ou limitam a sua realização.

Manter-se desejante, no que isso comporta de elaboração da transitoriedade, da impermanência e da finitude, protege em parte o sujeito de adoecer diante do implacável caráter de transitoriedade e finitude que a todo momento de alguma forma o mundo apresenta. A posição de sujeito é a de aceitação calma, mas não passiva, de que é tudo transitório, incompleto e finito. A aceitação calma é aquela que, diante do que é implacável, permite ao sujeito se interrogar sobre qual é o melhor arranjo dentro do que lhe é possível elaborar e modificar para viver e ser feliz. A impossibilidade de aceitação da implacável imposição de disrupturas e incertezas, traduzida numa incapacidade de assimilação, integração e superação do trauma vivido, predispõe à ansiedade. O sujeito é acompanhado permanentemente da sensação de iminência de um colapso que na verdade, segundo Winnicott (1994), já aconteceu.

Vivemos em sociedade e não há como ignorar os seus impactos sobre a subjetividade. Não tem os mesmos efeitos para a nossa saúde mental o fato de andarmos tranquilos pelas ruas, praias e praças ou andarmos apreensivos pelo medo de sermos assaltados, atingidos por uma bala perdida, pelo desemprego, pela pandemia, pela guerra, pelos riscos cibernéticos, por uma economia instável e tantos outros perigos. Isso tem impactos sobre nossa subjetividade e altera nossos níveis de alerta a ponto de produzir alterações em seus registros fisiológicos e psíquicos. Cada vez mais operadores difusos, como mídias e redes sociais, exercem pressões sobre a subjetividade, em uma sociedade considerada líquida, performática e de risco, contribuindo para o aumento da ansiedade, com exigências desumanas de desempenho, de uma suposta felicidade forjada a qualquer preço e de padrões estéticos e de consumo inatingíveis e opressores.

Com o declínio do Nome-do-Pai, apontado como uma das características da pós-modernidade, observamos também um declínio da cultura em suas funções de sustentação da Lei, de organização e de normatização das relações. Se essa função, considerada falha na sociedade atual, também falhou num momento da vida em que demandava uma encarnação num núcleo anterior à entrada da criança na cultura, ou seja, em seu núcleo inicial que é a família, e se posteriormente o sujeito se insere numa sociedade que também falha, que não encarna essa função, o sujeito fica à deriva, sem referências para regulamentar suas relações, seja consigo mesmo e com seu trabalho, seja com o outro e com a sociedade. Desregulado, então, produz todo tipo de sintomas, advindos de conflitos nas diversas relações que estabelece.

Além do declínio do Nome-do-Pai, a fragmentação que caracteriza a pós-modernidade também favorece o adoecimento psíquico. E esse potencial de desorganização produzido pela fragmentação é ainda maior quando incide sobre sujeitos já fragmentados em sua organização psíquica precoce, não ancorados numa amarração subjetiva consistente dada pela inscrição da função paterna e muitas vezes não ancorados nem mesmo numa inscrição consistente da função materna. Para se proteger, ainda que precariamente, das fragmentações, o sujeito pode adoecer numa tentativa de reparação dessas fraturas, mantendo aparentemente uma certa coesão. Esses adoecimentos permitem ao sujeito continuar produzindo, no sentido capitalista do termo, mas podem interromper suas produções subjetivas, criativas e sublimatórias, causando danos ao aparelho mental.

O trabalho merece destaque, na atualidade, como uma das fontes frequentes de ansiedade. O trabalho deveria ser para cada pessoa uma forma de expressão de sua existência, de sua identidade, e através disso mesmo prover sua existência material, produzindo uma sensação de continuidade entre a existência subjetiva e a externalização dessa subjetividade numa obra. Essa obra pode consistir em uma prestação de serviço, um produto final, ou uma pequena parcela de contribuição em um ou em outro caso, mas o que importa em termos de saúde é a sensação de continuidade e de apropriação, de reconhecimento de si no processo e no resultado final. E isso depende muito de uma consonância entre o funcionamento psíquico do sujeito e o modo de viver gerado por aquele trabalho e aquela organização social.

Diante de uma realidade como a de nosso país, com uma instabilidade política e econômica, uma desigualdade de oportunidades elevada e um índice de desemprego alarmante, é muito frequente que o sujeito se veja sem condições de escolher um trabalho compatível com suas características de personalidade, história clínica e aspirações. Sem essa compatibilidade, o sentido do trabalho se aproxima da origem do termo, associada à tortura, dor e fadiga (do latim *tripaliare*, derivado de *tripalium*, instrumento de tortura composto de três paus, passou-se da ideia inicial de sofrer à de esforçar-se, lutar e, por fim, trabalhar), provocador de ansiedades e outros distúrbios, e não promovedor de realização pessoal e de uma vida satisfatória.

É muito comum que as pessoas nos procurem hoje em função de seus sofrimentos decorrentes do trabalho ou da sociedade em que vivem. Sofrimentos difusos que, na maior parte das vezes, se expressam por sensações de desânimo, abatimento, falta de entusiasmo e indiferença com a vida. Outras vezes se expressam por distúrbios funcionais ou psicossomáticos – como transtornos do sono, da alimentação, distúrbios gástricos e tantos outros – e quadros clínicos psíquicos mais delineados, como depressões e ansiedades.

O trabalho pode ser fonte de saúde ou de adoecimento. Como fonte de saúde, as exigências do trabalho precisam ser compatibilizadas com as competências objetivas e subjetivas do trabalhador. Entre as competências objetivas podemos citar a capacidade técnica e física para a função; entre as capacidades subjetivas podemos citar as habilidades de vinculação social, a suportabilidade às pressões e ao *stress*, a criatividade, a capacidade de lidar com frustrações, a capacidade de trabalhar em grupo quando a função exige ou, ao contrário, a tolerância ao isolamento quando necessário. Sabemos que a maioria das contratações se dão em função das competências objetivas e a maioria das demissões, pelas falhas nas competências subjetivas. Essa situação gera muito sofrimento no sujeito, que, feliz por ter sido contratado e competente tecnicamente para a função, sente que suas insuficiências subjetivas estão impactando seu desempenho e podem levar à sua demissão e pôr em risco a sua sobrevivência.

Na maioria das vezes, as empresas implementam medidas de prevenção de acidentes, mas não medidas de prevenção em saúde mental. A saúde mental fica exposta a fatores nocivos, mas isso tende a ficar negligenciado. Fatores como não reconhecimento no trabalho, humilhação, imposição de metas inatingíveis, formas variadas de assédio, dominação pelo medo e outros contribuem para a fragilização da saúde mental. A adoção de medidas para se evitar acidentes no trabalho é fundamental, mas é também fundamental a adoção de medidas para a proteção da saúde mental do trabalhador. Em alguns casos, quando os acidentes acontecem mesmo que medidas de prevenção tenham sido implementadas, é comum que os fatores envolvidos na saúde mental, como o cansaço, a depressão, a ansiedade, a pressão e o *stress* elevados e o *burnout*, tenham contribuído de alguma forma para as ocorrências. Quando mais medidas de proteção à saúde mental forem implementadas, é possível que se reduza o índice desses acidentes onde houve alguma participação de fatores relacionados à saúde emocional e também é possível que se reduza o índice dos adoecimentos relacionados à saúde mental do trabalhador.

Advinda das situações de trabalho ou de quisquer outras, a exposição a fatores psicológicos invalidantes, como a humilhação, o assédio moral, o assédio sexual, a exploração, as más condições de vida, as violações do ritmo, com imposições de ritmos desumanos de produção, a objetalização do corpo, a violência física ou emocional, a instabilidade e a fragmentação características da atualidade, contribui em grande medida para que o Brasil ocupe hoje o primeiro lugar no *ranking* mundial de ansiedade e o quinto lugar no *ranking* da depressão.

Não podemos desconsiderar, diante de índices tão alarmantes, que muitas mudanças se fazem necessárias, em todos os aspectos considerados pela OMS, em conformidade com sua própria definição de saúde, segundo a qual saúde é um estado de bem-estar físico, psíquico e social, e não apenas ausência de doença.

Todo esse cenário nos convoca também a repensarmos a nossa atuação diante das novas formas de subjetivação, novos sintomas e novos sofrimentos que se nos apresentam no cotidiano de nossa prática clínica.

Para conduzirmos o tratamento daqueles que sofrem de ansiedade, precisamos ofertar, especialmente no início do processo, o que está falhando no mundo deles: a confiabilidade, a previsibilidade, a continuidade e a organização daquilo que se lhes apresenta como caótico, sem sentido ou disruptivo.

Isso significa traduzir para o paciente, de forma diferente e mais organizada, falas e sensações que ele traz de forma desorganizada e cheia de lacunas que aos poucos vamos preenchendo e reordenando para que comecem a fazer sentido. Para isso, é fundamental a constância dos atendimentos, com sessões mais próximas umas das outras dependendo da intensidade do sofrimento, fornecendo uma ritmação que se diferencia do descompasso característico de quem sofre de ansiedade, começando, assim, a dar algum contorno a ela. A ritmação das sessões, a receptividade e a acessibilidade do analista funcionam como *holding*, neutralizando um pouco o caráter hostil de um mundo percebido como instável, incerto e não confiável.

Pode ser que, justamente pelo histórico de experiências intrusivas ou abandonantes que esse paciente tenha vivido ou esteja vivendo, ele apresente uma tendência a perceber nossas colocações como intrusivas ou que ele se mostre defensivo pelo medo inconsciente de mais uma vez se entregar e ser abandonado. Por isso é importante ter a delicadeza e a perícia necessárias para não acionar ainda mais a muralha defensiva do paciente, priorizando o acolhimento e o estabelecimento da transferência, o *holding* e a comunicação primitiva, até que possíveis interpretações e afrouxamentos de defesas não sejam percebidos como ameaçadores para o sujeito.

> O projeto da experiência futura é construído na base da experiência passada. Assim sendo, só uma experiência actual diferente pode corrigir a antecipação/previsão e portanto mudar o funcionamento mental. Donde, é a relação terapêutica como nova, desenvolutiva e sanígena relação que produz a mudança/transformação psicoterapêutica. (Matos, 2012, p. 189)

Nesses pacientes, identificamos falhas na internalização de um mundo organizado e seguro, até que gradativamente se pudesse diferenciar mundo interno e mundo externo e consolidar uma identidade própria para, então, de posse de um mundo interno organizado e coeso, lidar com um mundo externo incerto, instável e até mesmo eventualmente caótico e ameaçador. Na maioria das vezes, como foram expostos ao caos antes da capacidade de representação psíquica deste, ou seja, antes da consolidação da identidade própria e da aquisição da linguagem, eles vivem na ansiedade gerada pelo temor de um colapso.

Conforme explica Winnicott (1994), o colapso já aconteceu, mas o sujeito não estava lá e por isso não pôde assimilar a experiência. É uma frase em princípio paradoxal, mas perfeitamente compreensível. Como aconteceu precocemente, antes do bebê ser propriamente um sujeito, o aparelho mental não foi capaz de absorver e representar mentalmente o colapso, ficando os registros sensoriais dele.

Parte do tratamento consiste em colocar o paciente em contato com essas conexões de sua história de vida precoce, e outra parte consiste em colocá-lo em contato com sua própria realidade provocadora de ansiedade. Paradoxalmente, ele está tão em contato, tão tomado por uma realidade acelerada, ansiogênica e muitas vezes carente de sentido, que esse excesso provoca um certo desligamento de algumas funções psíquicas, favorecendo mecanismos adoecedores compensatórios, entre eles a ansiedade, para que essa mesma realidade seja negada ou negligenciada.

A realidade da maioria das pessoas que sofrem de algum transtorno de ansiedade apresenta características como violação do ritmo, despersonalização, aceleração, imposições normativas dessubjetivantes, excesso de estímulos e de demandas, obrigando o sistema perceptivo a um trabalho praticamente sem descansos e, portanto, sem dar o devido tempo e espaço para o trabalho dos outros sistemas, como a imaginação, a fantasia, a perlaboração, o sonho, a sublimação e a criatividade.

O aparelho mental é constituído pelas instâncias do consciente, inconsciente e pré-consciente. O sistema perceptivo, que nos mantém conectados com a realidade que nos cerca e está ligado prioritariamente à consciência, à vigília, que nos informa o tempo todo o que se passa à nossa volta para que possamos tomar decisões, é comumente bombardeado pela vida acelerada, pela cobrança de respostas rápidas e pelo excesso de estímulos característicos da pós-modernidade. Quando esse sistema está sobrecarregado, o funcionamento dos outros sistemas, pré-consciente e inconsciente, fica prejudicado. Com muita frequência vemos isso, na prática, pelo risco aumentado de *burnout*, pelo empobrecimento da vida onírica e da vida imaginativa, pela maior vulnerabilidade a transtornos ansiosos, depressivos e psicossomáticos, pelas saídas por meio do uso de álcool e outras substâncias psicoativas, pela diminuição das atividades sublimatórias, pela presença de alterações na relação com o sono e a alimentação, e tantas outras evidências de que o aparelho mental está colapsado ou prestes a entrar em colapso.

Precisamos trabalhar com o paciente no sentido de produzir as conexões entre o mal-estar de que se queixa e as origens desse mal-estar, atreladas tanto à sua história de vida, muitas vezes precoce, como também ao estilo de vida estressante e ansiogênico que o adoece, e ainda possíveis acontecimentos que servem de gatilho para o disparo da sensação de ansiedade, como perda do ambiente de segurança, contato com exigências percebidas como acima de suas capacidades de resposta, rupturas de vínculos importantes e outros.

Quando o paciente consegue preencher as lacunas que lhe provocavam a sensação de falta de sentido, conectando experiências precoces que contêm elementos que ajudam a conferir significação e sentido às sensações atuais, o mal-estar começa a ganhar contorno e deixar de se apresentar de forma difusa e incompreensivelmente ameaçadora.

Quando, além disso, há uma reorganização do estilo de vida, como resultante do trabalho terapêutico que possibilitou a abertura para a vida imaginativa, sublimatória, criativa e de prazer, permitindo um alívio do sistema perceptivo e a criação de um espaço para as operações do pré-consciente e do inconsciente, podemos observar um melhor equilíbrio na dinâmica psíquica com consequente diminuição dos sintomas. Na prática isso se traduz em respeito à homeostase, reorganização do tempo, espaço e ritmo de vida, e evitação do excesso de trabalho, permitindo a redistribuição do tempo para as atividades lúdicas, imaginativas, sublimatórias e criativas e para o convívio afetivo e social. Mas quando essas alterações não são resultantes de um trabalho de elaboração, o paciente pode não obter nenhum resultado com elas, pois tende a vivê-las da mesma forma que vive tudo mais que o adoece, mormente o trabalho dessubjetivante e excessivo: como uma máquina que cumpre funções, que não experimenta o prazer e o sentido naquilo que vive.

Suponhamos, como exemplo, um passageiro que apresenta uma crise de pânico na iminência de entrar no avião, com um mal-estar psicofisiológico intenso a ponto de o impedir de fazê-lo. Seria uma viagem de férias com a família, para a qual se preparou e estava muito bem até aquele momento. Nenhum acontecimento diferente, estranho, atípico, nada. Nenhuma intercorrência até o aeroporto e durante o tempo de espera para o voo. Nada. Isso deixa a todos perplexos: a esposa, os filhos, que ficaram privados da viagem porque não havia tempo para se reorganizarem diante daquela cena com o chefe da família completamente transtornado e incapaz de resolver o que fazer. Se procurarmos as explicações racionais para essa crise de pânico, não vamos encontrá-las. O próprio passageiro diz que não tem motivos. Mas quando ele diz isso, o que ele está dizendo é que não tem motivos conscientes e racionais para reagir como reagiu, ainda mais de uma forma súbita, repentina e com tantas alterações fisiológicas, como taquicardia, formigamento nas extremidades, falta de ar, dor no peito, acompanhadas da sensação de perda de controle e iminência de morte. Mas sabemos que há "motivos" inconscientes, motivos registrados em estruturas não cognitivas, fora do registro da linguagem. Então, como entender e como intervir se tivermos casos similares a esse?

Primeiro, precisamos saber que algo provocou um encontro com o Real, jogando o sujeito para aquém da linguagem. "Algo" sempre será da ordem de um traço, um *imprint*, um pictograma: um significante, um som, um cheiro, uma sonoridade, um toque, uma sensação, um estímulo gustativo, enfim, "algo" que no momento de seu registro ficou sem articulação com a palavra, sem a organização que conectaria o sentimento com a palavra e a experiência vivida. Experimentar esses estímulos sem essa organização pelo afeto e pela palavra equivale ao caos, à fragmentação. Por isso é tão importante conversar com o bebê, conectar os estímulos a que está exposto com as palavras que dão significado a esses estímulos, com o tom afetivo dessas palavras e o aconchego que retiram o medo e a insegurança diante da experiência intrusiva que interrompe o bem-estar do bebê.

Diante de tantas formas de aprendizado de que dispomos, há uma chamada aprendizagem ligada ao estado, por meio da qual gravamos traços dissociados do sentido e da linguagem, mas associados a alguma experiência de interrupção da homeostase e da sensação do "continuar-a-ser". Quando, em qualquer momento da vida, esses traços são reativados por similaridade com as sensações provocadas e não por similaridade entre os eventos, o mesmo estado emocional e fisiológico vem à tona. "Na aprendizagem ligada ao estado não são as circunstâncias que contam, mas o conjunto fisiológico ou emocional que se produz." (Verny, 1989, p.181)

Antes da conquista da unidade-do-eu, o corpo submetido a automatismos fisiológicos e mal-estares sem nome sofre descompensações que põem em risco a coesão egoica e deixam o sujeito num estado primitivo de desamparo e desorganização psíquica.

No exemplo do passageiro que teve uma crise de pânico e não conseguiu entrar no avião, algum traço, algum elemento sensorial presente no acontecimento, e não o acontecimento em si, disparou a mesma sensação fisiológica de desamparo já registrada em algum momento precoce. A colagem entre o elemento sensorial e o mal-estar fisiológico interrompe a sensação de continuidade e dispara o mal-estar psíquico que, na prática, é indissociável do mal-estar fisiológico por causa das interações entre os mecanismos psíquicos e fisiológicos associados à ansiedade.

A iminência de entrar no avião colocou o passageiro em contato com a sensação de perda do controle, de estar distante do colo/solo seguro, em um lugar aonde a ajuda não chega. O que dispara um sintoma é justamente estar em contato com uma situação que demanda recursos que não tinham sido demandados até aquele momento, ou seja, havia uma estabilidade que não tinha sido colocada à prova ainda. Ali, naquela situação, as defesas entram em falência e não respondem mais. Enquanto esse sujeito esteve em contato com situações onde manteve sua sensação de controle sobre o ambiente, por estar em contato com o solo seguro e com isso supostamente ter sob seu controle os acontecimentos, manteve a ilusão de controle e garantia sobre a vida. Manteve-se em estado de alienação em relação à sua incapacidade de lidar com a suspensão de garantias de continuidade da vida, representada ali inconscientemente pelo risco de falta de contato do avião com o solo como equivalente à passagem da vida onde há um solo/colo do útero seguro para a vida aérea, instável e sem garantias.

O tempo de ilusão em um ambiente seguro, estável e cheio de garantias é necessário para que o bebê tenha condições de constituição da coesão egoica, de contornos simbólicos e imaginários para a desilusão também necessária, no tempo certo, desse mundo que na verdade comporta incertezas e instabilidades que não podemos controlar.

Retomando nosso exemplo, pode ser que esse passageiro tenha experimentado as sensações de um mundo caótico, instável e sem garantias antes que estivesse preparado para isso, e sua coesão egoica frágil ficou dependente de um ambiente que ele percebe controlável – o solo, o carro – que pudesse lhe dar sensações de garantias de continuidade. Mas, diante da iminência da falta de contato com o solo e desse ambiente aéreo, sobre o qual não tem controle nenhum e aonde as ajudas não chegam, as sensações precocemente experimentadas de um mundo instável e sem garantias são novamente acionadas, disparando as sensações fisiológicas associadas à ansiedade.

Nossas intervenções passam, no tratamento dos transtornos da ansiedade, por ofertar as palavras para as sensações vividas antes da linguagem, experimentadas em acontecimentos aparentemente sem conexão e sem sentido. As conexões passaram, antes dos caminhos da linguagem, pelos caminhos neurofisiológicos e por esses caminhos podem permanecer se a via da palavra não for inserida para fazer circular por ela o mal-estar antes inominável.

7 Depressões

Quando o bebê não encontra no rosto da mãe e na tonalidade afetiva dos cuidados maternos a alegria e o prazer, isso compromete simultaneamente processos de regulação afetiva e de regulação somática associados ao prazer de existir e viver. No início da vida não temos opção a não ser nos identificarmos de alguma forma com quem cuida de nós. Ser deprimido já significa nesse caso ser igual à mamãe, o que garante minimamente o sentimento de estar ligado a alguém, num momento da vida em que ainda não é possível ser diferente mantendo a própria identidade, pois esta ainda não teve tempo de ser formada.

A depressão não é a única condição possível para que uma mãe não seja responsiva nos cuidados com o bebê. Podem estar presentes outras circunstâncias em que ela apresenta dificuldades de responder às necessidades afetivas e emocionais de seu bebê, como por exemplo quando está absorvida demais pelos acontecimentos de sua vida, às vezes até o próprio sucesso. Não está deprimida, mas está de qualquer forma ocupada demais internamente para se conectar com seu bebê e fazer uma sintonia afetiva com ele. Ainda que presente fisicamente, está distante emocionalmente, não conseguindo compreender sua linguagem corporal e infraverbal e dar respostas afinadas com as demandas dele.

Mas voltemos um pouco ainda à questão da depressão materna. Quando chega um filho, desde sua chegada à barriga e depois sua chegada ao mundo externo, isso provoca uma avalanche de mudanças, que incluem as hormonais e fantasmáticas, alterações nas dinâmicas familiares e tantas outras. Essas mudanças podem ocorrer em todas as direções: de maior harmonia, de exacerbação de conflitos, de felicidade, de angústia e de sofrimentos. Quando as mudanças são no sentido da harmonia e da felicidade, o bebê começa a registrar, desde a vida intrauterina, todos os sinais indicativos disso: as substâncias circulantes, como os neurotransmissores, são aquelas associadas ao prazer e ao bem-estar, a experiência de homeostase e os sinais sensoriais que registra confirmam um mundo organizado e não patologizante, como a melodia das vozes dos pais conversando ou cantando, em vez de brigando e se agredindo em volta desse bebê. Ao contrário, quando as mudanças são no sentido da desarmonia e do descontentamento, da angústia, da ansiedade e de outros sofrimentos, o bebê começa a registrar, desde a vida intrauterina, todos os sinais indicativos disso: nesse caso os neurotransmissores predominantes não serão mais aqueles associados ao prazer e bem-estar, e sim aqueles associados à desregulação, ansiedade, depressão, mal-estar, agitação. A experiência da homeostase não é registrada ou é insuficientemente registrada e predominam os sinais sensoriais de um mundo desinteressante, desorganizado, imprevisível e patologizante. Nesse caso, o bebê terá que reagir a um ambiente que é hostil e não o acolhe com alegria. Essas situações ultrapassam as capacidades cerebrais e psíquicas de processamento, significação e ordenação de estímulos do bebê, o que perturba sua homeostase e registra nele marcadores que podem contribuir para o aparecimento de algumas desordens no futuro, como as ansiedades e depressões.

Se o bebê ficou carente de sinais maternos de vitalidade e alegria, prazer e contentamento, movimento e ritmo, apaixonamento e bem-estar, ele registra marcadores que o predispõem a depressões no futuro. Vejamos algumas evidências desses registros: o bebê cuja mãe está feliz faz mais movimentos de sobe e desce dentro da barriga, registrando ao mesmo tempo sinais biológicos associados ao prazer, alegria e bem-estar. Quando crianças e adultos, essas pessoas gostam mais de brincadeiras com movimentos de vai e vem, de montanha-russa, de brinquedos de subir e descer, que tem seus equivalentes infantis e adultos, incluindo a relação sexual, que, em boa medida, reflete a forma como brincamos na infância. As crianças cujas mães foram deprimidas têm menos prazer com o movimento e a interação, o que implica em prejuízos para seu desenvolvimento. O não apaixonamento da mãe pelo bebê no início da gestação, especialmente na janela dos três primeiros meses, compromete o elã com a vida e a fixação de neurotransmissores associados à alegria e ao bem-estar nas fendas sinápticas, o que tem uma conexão com maior vulnerabilidade à depressão e ao uso de drogas lícitas e ilícitas no futuro. A falta de vitalidade, a mortificação e a baixa disposição da mãe para a comunicação com o bebê no início da vida o deixam propenso a essa mesma mortificação e falta de vitalidade, predispondo-o ao longo da vida à depressão em sua forma mais perceptível ou em suas formas mais difusas e menos visíveis, como a depressão branca ou essencial, o vazio, a despersonalização e a submissão, ou ainda a formações reativas à depressão, visando proteger a si mesmo ou à mãe do desmoronamento. E como se consegue isso? Pela via da agitação, o que pode muitas vezes estar em comorbidade com quadros de ansiedade. É uma ansiedade que se manifesta na maior parte das vezes por uma agitação, um fazer excessivo e que no entanto não satisfaz o sujeito, não dá a ele a sensação de alegria e bem-estar. É comum que crianças sejam agitadas e hiperativas numa tarefa inconsciente de fazer a mãe reagir para, assim, protegê-la do desmoronamento. Com sua agitação, a criança incita a mãe a ser responsiva e, assim, não sucumbir à depressão.

Na depressão em vias de constituição, é preciso intervir nas vinculações do bebê ou da criança com seus cuidadores, bem como, em alguns casos, na vinculação de seus cuidadores entre si, em especial na relação dos seus pais, nos problemas do casal que possam estar refletindo nos filhos. Eventos específicos podem também estar na origem de algumas depressões, como lutos e situações clínicas difíceis.

Analisar a qualidade dos vínculos estabelecidos com o bebê e a criança é fundamental. A carência de trocas lúdicas acompanhadas de palavras é uma das causas mais comuns de depressão. A intervenção nesse caso é no sentido de promover essas trocas lúdicas acompanhadas de palavras, de diálogos. Se os pais ou cuidadores estão absorvidos por situações que os impeçam de fazê-lo, a exemplo de pais absorvidos pelos seus próprios lutos, precisamos ao mesmo tempo incluí-los no tratamento para que retomem suas funções parentais, além de implementar as medidas terapêuticas com o bebê ou a criança.

Na vida adulta, a depressão pode passar a ser uma posição subjetiva e não uma resposta a uma perda. A capacidade de deprimir em resposta a uma perda é indicativo de saúde mental e protege o psiquismo da desorganização progressiva, possibilitando o ingresso no processo normal do luto. Mas a depressão enquanto posição subjetiva aprisiona o sujeito em um funcionamento doentio e limitante, com consequências cada vez mais graves se não se engaja em um tratamento e o processo depressivo se torna crônico. Com a libido demasiadamente investida no ego e desinvestida do mundo externo, até como medida de economia diante de uma certa escassez libidinal, a transferência pode ficar comprometida, demonstrando o paciente uma dificuldade de investir no tratamento: investir libido, tempo e dinheiro. A sensação descrita pela maioria dos analistas em supervisão é de uma desvitalização durante ou após o atendimento desses pacientes, como se eles lhes tivessem roubado a energia. Algo parecido, mas não exatamente, com um sono, relatado como uma perda de vitalidade e energia. É certo que a sensação provocada no analista apresenta especificidades conforme as características de cada estrutura, constituindo inclusive um critério coadjuvante para se refletir sobre o diagnóstico. Para fazer uso dele, o analista precisa estar certo de que aquela sensação é realmente advinda do outro, e não de seus próprios conflitos mal resolvidos ou condições fisiológicas desfavoráveis como o sono e o cansaço. Portanto, para que se possa levar em consideração a energia dispendida para atender um paciente deprimido e desvitalizado, é preciso que se tenha a certeza de que não se está cansado ou com sono e de que não se trata de algo do analista que possa ter sido acionado por aquele atendimento específico.

7.1 As bases para o adoecimento depressivo em suas formas mais comuns na atualidade

Vamos apresentar a seguir as bases para o adoecimento depressivo em suas formas mais comuns na atualidade, incluindo o abandono, *helplessness* e a despersonalização e submissão.

7.1.1 Abandono

O abandono é tão mais grave quanto menor a capacidade do bebê de diferenciação eu-outro, o que o leva a confundir a perda do objeto com a perda de si mesmo no objeto. Além disso, antes de uma organização espaçotemporal e rítmica próprias, quanto maior o tempo de afastamento do cuidador, maior a desestruturação gerada e a profundidade dos danos causados. Já no abandono após o estabelecimento da diferenciação eu-outro, embora possa haver danos, estes já apontam para outras patologias, de menor gravidade e maior potencial de reversibilidade. Mesmo após a diferenciação eu-outro, o abandono será tão mais grave quanto maior o tempo para o restabelecimento do vínculo e também quanto menores as capacidades dos substitutos de prover os cuidados afetivos e demais cuidados necessários para minimização dos danos provocados. No futuro, quanto mais *co-incidente* for o abandono com momentos evolutivos de separação e quanto mais os acontecimentos se apresentarem como uma repetição de traumas anteriores de abandonos, especialmente se eles aconteceram antes da aquisição da diferenciação eu-outro, maior o efeito adoecedor que ele pode ter sobre o sujeito.

A seguir apresentaremos as formas de abandono e as patologias delas decorrentes.

7.1.1.1 O abandono antes da aquisição da diferenciação eu-outro

Quando a mãe desaparece para seu bebê, seja porque faleceu, está internada, viajou, o encaminhou para adoção ou qualquer outro motivo, o que importa é que para o bebê a mãe o abandonou, desapareceu, deixou de existir. Os significantes que possam marcá-lo e que estejam associados a esses "motivos" não são desprezíveis e devem ser considerados, mas neste momento importa aqui o fato de que, para o bebê ainda incapaz de se diferenciar de sua mãe, o desaparecimento desta significa o seu próprio desaparecimento. A sustentação de uma função identitária, ainda ancorada na mãe, fica comprometida. O bebê perde os referenciais que o permitiriam fazer uma transição menos traumática da vida aquática para a vida aérea: a voz e o odor da mãe, os ritmos dela, incluindo o cardíaco, o leite e o olhar dela que viriam juntos. Esse abandono, para o contrapor a outras formas de abandono que também serão analisadas aqui, é, para o bebê, um abandono da ordem do Real, esse que escapa à linguagem e se registra fora dela, como um *imprint*. O bebê registrará as sensações e o mal-estar sem nome provocados por esse abandono, as angústias e as descompensações somáticas e sensoriais que o acompanham. De importância fundamental para o entendimento de patologias da vida adulta relativas ao sujeito em seu estado limite, as experiências de intrusão ou de ruptura nesse momento da vida colocam em risco a aquisição da identidade, do contorno e da coesão egoica. Antes da diferenciação eu-outro, da aquisição simbólica e da capacidade representacional, as experiências traumáticas registradas como *imprints* formam os núcleos patógenos para o aparecimento dos adoecimentos no futuro, que podem existir de forma subclínica por muitos anos, até que venham a se manifestar. Esses núcleos patógenos, incluindo a formação de núcleos melancólicos, podem ficar encapsulados, permitindo ao sujeito seguir adiante sem se descompensar, até que se depare com exigências mais altas e específicas das funções não adquiridas, quando então ele pode se descompensar e a doença se mostrar ativa, seja por crises, num modo intermitente-recorrente ou numa evolução contínua.

Quando algo grave interferiu na estruturação subjetiva e na estruturação da arquitetura cerebral, para conseguir seguir adiante com limitações de pouca visibilidade, o sujeito tende a se acoplar às normas sociais e demandas externas, sob o preço de diminuir sua vitalidade, sua potência criativa e seu prazer de viver.

Pensemos a função paterna: há um momento estrutural em que é preciso que haja o corte na simbiose mãe-bebê, que a castração primária aconteça e em seguida a castração edípica (como simbolização desse corte, dessa castração realizada pelo terceiro), para que a função simbólica emerja, passando o sujeito da posição de sujeito do enunciado para a posição de sujeito da enunciação, sujeito desejante. Sabemos que esse momento é estrutural e definitivo e que, perdido esse momento, a operação não irá mais se efetivar. Há um tempo delimitado para isso. Se se perdeu esse momento estrutural, não será possível voltar a ele para, então, instalar a função não instalada, no caso a função paterna. Daí a expressão forclusão do Nome-do-Pai. O termo forclusão foi retirado do direito e significa que se perdeu o prazo, não sendo mais possível pleitear o que podia ser pleiteado dentro daquele prazo e não mais depois. Então, já sabemos que as coisas funcionam assim, que há um tempo estrutural e às vezes evolutivo para a conquista de algumas funções que, sob a interferência de algumas vicissitudes e intercorrências, não irão se instalar mais, e outras que irão se instalar de forma deficitária. Que intervenções podemos propor para aqueles cujos sofrimentos decorrem de falhas que antecedem a instalação da função paterna, dizendo respeito muito mais à função materna?

O afastamento da mãe de seu bebê nesse período, antes da diferenciação eu-outro, mundo interno-mundo externo, em especial antes de seis meses de idade, leva para longe os referenciais do bebê, deixando-o à deriva. O bebê precisa recuperar, o mais rapidamente possível, as referências sensório-afetivas perdidas. A velocidade com que as mudanças acontecem nessa fase da vida exige intervenções urgentes, precoces, imediatas. Ele não conhece outros ritmos, outros cheiros, outros alimentos que o façam se sentir seguro e em condições de fazer adaptações gradativas ao mundo externo. Portanto, todas as intervenções terão como norteamento a recuperação da proximidade mãe-bebê, o mais rápido possível. Mas há casos em que a recuperação desse laço não é viável, como nos casos de morte da mãe e de entrega para adoção. E há casos em que essa recuperação levará um tempo, como quando a mãe ou o bebê vão para a UTI. O que fazer? Como intervir para minimizar os danos provocados por essa ruptura precoce?

Como o bebê precisa de suas referências sensório-afetivas, as medidas serão no sentido de proporcionar ao bebê essas referências o mais próximo possível daquelas que ele conheceu na vida intrauterina e nas primeiras horas ou dias que antecederam essa separação. Dessa forma, se possível, deve-se oferecer ao bebê referências sensoriais que o conectem com as memórias anteriores, como o cheiro da mãe, por exemplo colocando junto a ele um paninho que se tenha passado no colo materno, ruídos do ultrassom, as histórias que foram lidas para ele, as músicas que ele ouviu, a voz materna gravada, o banho demorado e com ternura de forma a recuperar as sensações da vida aquática.

Outros cuidadores, como o pai e os avós, devem ser orientados a conversar com o bebê, a promover as medidas citadas acima, a dar um colo seguro e a atender as demandas afetivas do bebê. O bebê conhece a voz do pai e busca por ela desde as primeiras horas. O contato pele a pele ajudará o bebê na capacidade de regulação térmica e a se sentir mais seguro. Os batimentos cardíacos, embora saiba reconhecer que não são idênticos aos de sua mãe, o ajudam a recuperar sinais sensoriais rítmicos. Os outros cuidadores também devem ser afetuosos, calmos e capazes de entender a linguagem infraverbal do bebê, por meio da qual ele comunica seus sentimentos e suas demandas. O bebê precisa de constância objetal, e por isso deve-se evitar manter muitos cuidadores e trocas excessivas destes. Ele precisa de um ambiente calmo, de interações harmoniosas entre as pessoas à sua volta, já que é capaz de absorver, até pela modulação sonora, as evidências de um ambiente caótico, ou de pessoas agressivas, abandonantes, angustiadas, inconstantes, que não o protegem dos desconfortos que vêm de dentro e de fora dele, desconfortos esses causados pela falta de trocas lúdicas e linguageiras, pela dor, fome, sensação de desamparo, *stress* por visitação excessiva, frio, calor, medo e tantas outras fontes. Se o bebê não for protegido, se o adulto não constituir para ele um bom sistema de para-excitações, ele terá que reagir a esses desconfortos, descompensando sua homeostase e interrompendo o seu "continuar-a-ser". O ambiente precisa voltar rapidamente a ser estável e confortável para o bebê, ou seja, o ambiente precisa permitir adaptações gradativas ditadas pelo ritmo do desenvolvimento, sem romper as sensações de continuidade, previsibilidade e confiabilidade essenciais ao desenvolvimento saudável. Quando o ambiente não garante essas condições e o bebê precisa continuar reagindo, ele pode entrar em exaustão e com isso parar de reagir, o que pode deixar sequelas graves, visto que o bebê pode entrar em desistência, em esgotamento de recursos, em embotamento, em depressão, em recusa relacional, em isolamento, em estagnação ou declínio do desenvolvimento.

Como podemos perceber, na vida adulta, as evidências de que essas situações patógenas se inscreveram no início da vida e como intervir sobre as sequelas deixadas?

O abandono precoce pode ter levado o bebê a, pelo menos inicialmente, ficar muito reativo, irritadiço, instável, por ter perdido as referências de mundo que conhecia – a mãe. O que vem depois, se é colocado em um abrigo para adoção, por exemplo, se passa por várias tentativas de adoção, enfim, tudo isso marcará a história desse sujeito. No futuro, essa pessoa pode manter uma sensibilidade excessiva a um mundo sempre prestes a abandonar. Por exemplo, um atraso dos pais adotivos para buscar na escola ou um atraso de um(a) namorado(a) pode adquirir uma significação desproporcional de descaso e abandono.

Precisamos trabalhar com esses pacientes possíveis sentimentos não expressos ou o luto não vivido decorrentes do abandono precoce. Mesmo na vida adulta, pode ser difícil construir significações para algo considerado tão grave, mesmo quando as condições marcam uma inevitabilidade da situação, a exemplo de quando a mãe morre no parto ou no pós-parto. Sentimentos como raiva, medo, culpa e outros precisam encontrar espaço de expressão. Quando uma dor não é superada e elaborada, ela continua doendo cada vez que a situação atual remete o sujeito a elementos do passado onde essa dor surgiu.

Em alguns casos, o bebê foi tão exposto a um mundo desorganizado e ameaçador que sua reatividade crônica o levou à exaustão, com consequente desistência por esgotamento de recursos. Então ele se torna apático e resignado, podendo ser confundido com um bebê "bonzinho". É frequente que apresente uma insônia calma, após um tempo de insônia agitada. Na insônia agitada ele ainda clama por ajuda, chora, grita. Não sendo atendido, ele pode passar a apresentar a insônia calma, permanecendo no berço por muito tempo sem dormir, mas sem reivindicar mais, se tornando cada vez mais letárgico e apático.

Na vida adulta, essas pessoas que não foram atendidas em suas reivindicações a ponto de se esgotarem e desistirem tendem a se desmotivar com o que iniciam, com muita propensão à desistência.

Precisamos trabalhar com esses pacientes a capacidade de gerir melhor os seus recursos, para não entrarem em esgotamento com consequente desistência. Precisam aprender a identificar mais rapidamente onde estão as ajudas de que precisam, pois, como carregam a marca da decepção de terem tido por perto adultos não responsivos, cresceram com um registro de que "não adianta pedir ajuda". Ali, diante de nós, estão justamente arriscando talvez uma esperança ínfima de que alguém possa ajudá-los. Abordar logo de início essa depressão que se apresenta na maioria das vezes como um desânimo para dar seguimento em quase tudo que iniciam é importante para que a análise não seja mais uma tentativa iniciada e abandonada, cronificando prejuízos para a alegria de viver e de se relacionar, mantendo a prostração e a desistência como respostas às dificuldades.

7.1.1.2 O abandono depois da aquisição da diferenciação eu-outro

Conquistada a capacidade de diferenciação eu-outro, é possível perder o objeto e entrar em um processo de luto por esse objeto perdido, visto que sujeito e objeto já não são mais a mesma pessoa, "coladas" pela simbiose. O abandono real deixará uma marca que fará o sujeito carregar a interrogação: por que ela não me quis? As tentativas de resposta são quase sempre localizadas em si mesmo, desvalidando-se já que não foi desejado nem mesmo por sua mãe, e "uma pessoa que não foi desejada nem mesmo por sua mãe deve ser uma pessoa muito ruim" – tendem a pensar as pessoas que foram abandonadas no início da vida. Nota-se que é muito difícil, na infância e mesmo na vida adulta, imaginar que os determinantes para o abandono podem estar do lado de quem abandona e não do lado de quem foi abandonado. Fora de um processo terapêutico, é bem improvável que as interrogações se desloquem para o objeto abandonante, numa tentativa inconsciente de proteger esse objeto, de não atacá-lo para mantê-lo intacto. Mas essa manobra desvalida ainda mais o sujeito, que deposita em si todos os atributos que possam justificar não ser desejado e amado, não estar à altura do amor e reconhecimento de sua mãe e, mais tarde, de outros relacionamentos, empregos, projetos.

A análise irá provocar o deslocamento do enigma. Uma vez realizado o trabalho de desidealização da mãe, de desocupar o sujeito dessa tarefa árdua de manter a mãe intacta, atacando-se para não atacá-la e depositando em si atributos que podem ser dela, é hora de deslocar as questões dirigidas a si para dirigi-las à mãe. Uma mãe que não se viu capaz de se encarregar dos cuidados do filho e o deixou aos cuidados de outra pessoa pode ter feito, ou ter tido a intenção de fazer, à sua maneira e dependendo do contexto, o melhor para seu filho. Mas essa elaboração não pode ser externa ao sujeito abandonado, parecendo mais uma tentativa de tamponação dos sentimentos, pois para quem viveu o abandono não é possível registrá-lo como o melhor que poderia ter sido feito. As consequências de uma relação não amorosa, quando esse é o caso, podem ser ainda mais graves do que os efeitos de deixar um bebê aos cuidados de outra pessoa que possa amá-lo, mas, para ele, fica o registro do abandono. As rupturas, num momento tão precoce, não representam uma alternativa para se seguir adiante com a possibilidade de outros amores. Há um momento em que temos recursos e precisamos seguir adiante com a possibilidade de outros amores, quando já tivermos internalizado os primeiros objetos de amor, ligados inicialmente à mãe e ao núcleo familiar restrito, e depois de começarmos a ampliar nossos laços para fora da família, passando a ter amigos e outros laços extrafamiliares, com a entrada na escola e a ampliação da socialização. Mas é somente na adolescência que a busca do amor irá reproduzir as primeiras vinculações ou permitir a construção de uma nova relação amorosa, culminando talvez na construção de um novo lar, na idade jovem ou adulta. Portanto, quando a alguém foi imposta uma saída da relação com a mãe, primeiro objeto de amor, numa idade muito precoce, antes que se pudesse passar pelas castrações simboligênicas que o preparariam para tal, isso é vivido como um abandono, como uma recusa relacional que, se não tratada, pode condenar o sujeito a uma repetição em três modos principais: ou se mantém em situações de abandonos preventivos, o que equivale a abandonar para não ser abandonado; ou entra em relações que resultarão em abandono, repetindo o trauma original na tentativa de elaborá-lo; ou nem chega a entrar nas relações, se mantendo na posição de não ser bom o bastante para aquela pessoa, para aquele curso, para aquele emprego.

O abandono preventivo, que significa abandonar para não ser abandonado, acontece quando identificamos que o sujeito termina suas relações num ponto em que está havendo envolvimento, e isso representa para ele um risco de se entregar, e, como no início da vida, ser abandonado e sofrer. Então melhor não se entregar. Melhor prevenir o abandono, na tentativa de se prevenir da repetição da dor do abandono. Mas abandonando para não serem abandonados também não sofrem? Sim, sofrem, e normalmente é daí que surge a demanda de análise. Abandonar como medida preventiva para não serem abandonados os impede de seguir adiante em relacionamentos que poderiam dar certo e dos quais se privam repetidamente também, num *looping* que cansa e esgota, e acaba por exaurir uma energia que poderia ser usada para usufruir do prazer de uma relação satisfatória, envolvente e duradoura sem que isso constituísse uma ameaça ao psiquismo.

No abandono repetitivo, significando tentativas de elaboração do trauma original, as pessoas vão sempre se envolver em relacionamentos fadados ao abandono, como numa "crônica de uma morte anunciada". Buscam pessoas abandonantes ou que estão claramente presas em outros relacionamentos. Há também situações que, apesar de conscientemente colocadas por algumas pessoas como impeditivas – não que precisem ser – como distância geográfica ou diferenças acentuadas de condições socioeconômico--culturais, não são suficientes para ancorar uma decisão de não entrar nesses relacionamentos, pois as motivações determinantes para tentar fazer dar certo são inconscientes. Inconscientemente, cada tentativa dessas representa uma chance de elaboração do trauma original, de ter tido uma mãe também distante (não geograficamente, na maioria das vezes), absorvida demais por seus próprios interesses ou lutos e sem possibilidades de investir sua libido no bebê na medida das necessidades deste. O adulto repete a situação do bebê que teve que se virar com "a sobra", sem ter tido a chance de registrar satisfatoriamente a necessária ilusão de ser único, prioritário e especial. Assim, relacionamentos sabidamente fadados ao fracasso representam tanto a chance de quem sabe, desta vez, ser especial para alguém, buscando provas de amor mais evidentes, no sentido de que o outro teria que deixar algo ou alguém para ficar com o sujeito e isso ele conseguiria ver como prova de amor, como também representam a chance de um novo abandono na tentativa de oferecer ao psiquismo elementos que lhe permitam elaborar o abandono original.

Algumas pessoas temem a tal ponto o abandono que o tomam como uma realidade *a priori*, não se permitindo nem mesmo iniciar um relacionamento, saindo dele antes de efetivamente entrar. As defesas contra a repetição da dor do abandono podem ser tão rígidas que qualquer aproximação de caráter mais afetivo é processada como intrusiva e essa pessoa se fecha, não conseguindo estabelecer relacionamentos próximos e usando da superficialidade como defesa principal.

Apresentam sofrimentos relativos à solidão, à carência de relacionamentos profundos e aconchegantes, que ao mesmo tempo desejam e temem, e dos quais se defendem também por meio de relacionamentos mecanizados, operacionais, e da sobreadaptação à realidade. Essa condição clínica se constitui em um dos fatores predisponentes aos transtornos psicossomáticos.

A chance mais relevante de superação desse trauma original é exatamente a relação terapêutica estabelecida, onde esses elementos irão aparecer e poderão ser manejados cuidadosamente, pois se o analista não tiver cautela, suas colocações serão sentidas como uma ameaça, já que envolvem afeto, e qualquer tentativa precipitada de um aprofundamento, de uma superação da superficialidade aumentará a muralha defensiva do outro lado. Mas o manejo correto da transferência permitirá que aos poucos essa muralha defensiva se desfaça e os conteúdos e sentimentos a serem trabalhados comecem a aparecer e possam ser aprofundados.

7.1.1.3 O abandono pela via do excesso de autonomia

Forçar o bebê e a criança a uma autonomia acima de suas capacidades é uma forma de abandono com pouca visibilidade e equivocadamente uma atitude muito valorizada, já que a criança chama a atenção tamanha a sua capacidade de resolver problemas e de cuidar de si mesma – e até dos outros – muito acima da esperada para sua idade. Os pais valorizam, a criança sente que responde ao desejo dos pais e assim estes ficam livres para cuidarem de outras coisas, num momento evolutivo em que a criança ainda precisava de mais atenção e participação dos pais. O excesso de autonomia é uma forma de abandono. Essas pessoas crescem apoiadas mais em fazer do que em ser, são valorizadas pelo que fazem e não pelo que são. No futuro, se falham no que fazem, não sabem bem quem são, pois são o que fazem. A identidade está mais em um fazer, que atropelou o vir-

-a-ser e a própria formação da identidade. Tendem a ser muito eficientes no seu trabalho, mas normalmente não têm consciência do quanto o trabalho funciona como fator de compensação afetiva, já que o reconhecimento é sem dúvida um dos sentimentos confundidos com o sentimento de serem amadas. De certa forma, ser reconhecida é ser amada, mas, na ausência de outras formas de mobilizar o afeto das pessoas a não ser pelo fazer, essas pessoas tendem a fazer demais. Esse fazer demais se manifesta numa forma específica de se ofertar ao outro, pela via utilitária, da necessidade, se fazendo necessário em vez de desejado, e também se manifesta por uma dificuldade de reconhecer os limites de cansaço, de desgaste e de descontentamento com seus fazeres e afazeres. Tais características predispõem essas pessoas a adoecimentos psicossomáticos, tanto pelo desrespeito aos limites de cansaço e desgaste quanto pela frustração, na maior parte das vezes negada, decorrente do fato de estarem quase sempre sendo "descartadas" das relações afetivas que tentam estabelecer. Mas elas não processam, a não ser por efeito de tratamento, que se entram nas relações pela via da necessidade, evidentemente serão descartadas quando não forem mais necessárias. Não tendo aprendido a mobilizar o afeto das pessoas de outra forma, continuam se ofertando e dando muito mais do que recebendo, desequilibrando a economia afetiva e consequentemente a economia psicossomática, já que isso provoca um déficit no capital libidinal. Com imensa dificuldade de mobilizar o outro para que cuide dele, acaba repetindo o modelo inicial de vida, onde não conseguia mobilizar os pais para cuidar de si, vivenciando um amadurecimento forçado que deixa marcas indeléveis num psiquismo amputado da capacidade de mobilizar o cuidado do outro.

Ficar lutando para existir para o outro impede o sujeito de avançar em direção a seus próprios desejos. É preciso nomear para o paciente que essas tentativas de ter sua existência reconhecida pelo outro são na verdade tentativas desesperadas de ser amado. Nos sentimos amados quando sentimos que ocupamos um lugar no desejo do outro. Mas quando isso falha, a busca para sanar esse débito afetivo pode se tornar uma prisão, um fechamento, como se fosse impossível seguir adiante sem primeiro descobrir o que ser para agradar, para ser percebido e amado. O sujeito supõe que há algo que, se ele for, irá fazer vibrar o desejo do outro. Um dos primeiros trabalhos que temos a realizar é justamente provocar uma reviravolta nesse circuito para que ele possa girar ao contrário, ou seja, querer fazer vibrar o desejo do outro não pode custar o apagamento do próprio desejo. Relações desse tipo são desvitalizantes e é preciso que se dê conta de romper, não necessariamente com a pessoa, mas com esse modo de vinculação. A autorização para existir e habitar outras relações, mais prazerosas e não mutiladoras, virá do processo de análise, quando o analisando perceber que as falhas na construção de um lugar para existir se devem a algo que o precede, e que portanto é preciso seguir adiante mesmo com o débito existente, visto que o outro é desprovido de recursos para esse "acerto de contas".

Se o tempo da constituição da subjetividade ainda está acontecendo, o potencial de reversibilidade da situação é maior, nos dando a chance de interromper ou pelo menos minimizar o processo patógeno. Assim, precisamos intervir no sentido de que a mãe e os outros cuidadores não exijam autonomia do bebê e da criança além de suas capacidades, que se disponham a cuidar mais deles em conformidade com o esperado para aquela fase do desenvolvimento, de forma lúdica, amorosa e acompanhada de palavras. Portanto não se trata de um cuidar mecânico, que pode ser ainda mais nocivo para a criança do que a saída pelo excesso de autonomia. Apenas solicitar que os adultos cuidem mais, quando podem estar afetivamente incapacitados ou indisponíveis para isso, pode gerar efeitos bastante indesejáveis ao processo de construção da subjetividade. O que temos a fazer, então, é trabalhar com esses adultos a sua própria dificuldade, pois podem muitas vezes nem estar reconhecendo a situação e muito menos avaliando-a como nociva. Desconhecem os motivos inconscientes que os fazem incentivar a criança a uma autonomia desproporcional como forma de não ter que cuidar dela. Muitas vezes nem mesmo se apercebem disso. Por isso é preciso acolhê-los em tratamento também, para que possam trazer sua história e acharmos o ponto em que surgiu a dificuldade de integrar aquele bebê, ficando ele como um ser "independente". Lembremos que não podemos ser independentes desde o início. Precisamos depender do outro para aprendermos a nos entregar ao outro, que por sua vez precisa ser responsivo a essa entrega. A conquista gradativa e relativa da independência, tendo o bebê já passado pela dependência absoluta, de 0 a 6 meses, exige dos adultos a capacidade de descentração de si mesmos, para poder centrar-se no filho por um período para então promoverem adaptações gradativas do bebê ao ambiente e a conquista de uma identidade própria. Mas nem sempre a mãe e o pai conseguem descentrar-se de si mesmos para focar a libido no filho, e a autonomia exacerbada e precoce disfarça o que na verdade é um abandono velado.

O adulto que desde a infância foi forçado a um excesso de autonomia em relação às suas capacidades e portanto em desconformidade com seu desenvolvimento, tende a se assegurar em seus desempenhos, em seus fazeres, que, na ausência de outros referenciais, foram aqueles aos quais se agarrou para manter uma identidade relativamente estável e coesa. Assim, estabiliza sua economia psíquica principalmente em sua identidade laboral. Diante da pergunta "quem você é?", a resposta pronta é a identidade laboral: sou arquiteto, professor, empresário, técnico de segurança etc. A próxima pergunta, no sentido de saber quem é essa pessoa para além de sua identidade laboral, seria: o que, se retirado de você, faz você sentir que é difícil viver, que leva para longe de você as referências que lhe permitem viver? Diante dessa pergunta, essa pessoa sente estranheza e se embaraça para responder. As respostas a essas perguntas mostram que a organização da identidade está excessivamente atrelada em referenciais de produção. Escolher nossa atividade laboral em conformidade com nossa identidade constitui uma parte importante de nossa alegria de viver. Mas o contrário, definir a nossa identidade a partir de uma produção, oferece uma organização frágil, externa ao sujeito e que retira dele uma importante cota de alegria e vitalidade, podendo contribuir para processos depressivos e para uma maior vulnerabilidade psicossomática.

7.1.1.4 O abandono pela via da presença física desprovida de presença psíquica e emocional

Diante da presença física da mãe, é adoecedor que essa presença física não se faça acompanhar de presença psíquica, aconchego, trocas lúdicas, palavras e afinação afetiva com o bebê. Essas mães se ofertam como mães-mecanismos, cuidando às vezes até objetivamente bem de seus filhos, mas afetivamente desconectadas deles, o que se constitui como uma forma de abandono, pois deixa a criança à deriva em sua busca de conexão afetiva e comunicacional.

Essa condição pode contribuir para uma vulnerabilidade psicossomática aumentada, seja na infância, seja em qualquer época da vida. Além disso, as relações desérticas deixam o sujeito em um estado de desânimo e falta de entusiasmo com a vida, propenso à depressão em suas diversas formas.

Uma implicação clínica frequente é o esforço que a criança faz para existir para a mãe, o que a rigor significa o esforço para se fazer existir no desejo materno, pois na realidade externa sua existência é confirmada pelas rotinas mecanizadas de cuidados. Essa luta prejudica a criança porque dificulta que ela se oriente na busca de seus próprios interesses e desejos, presa *ad infinitum* nessa missão quase impossível de se fazer percebida, considerada, amada, pertencente. Para cumprir tal missão, mutila sua identidade na tentativa de ser aquilo que supostamente faria vibrar o desejo do outro e conseguir locar-se ali, mas falta lugar, falta vibração. O primeiro lugar em que subjetivamente moramos é justamente no desejo materno. Sentirmo-nos do lado de fora dessa "casa" traz consequências danosas para o sentimento de pertencença e para a capacidade de mobilizar o desejo do outro. Pessoas que sofreram esse tipo de abandono, caracterizado pela ausência emocional da mãe, não se sentem seguras em sua capacidade de se fazer amadas, de despertar o desejo das pessoas por elas.

Quando identificamos que o bebê ou a criança encontram-se numa relação mecanizada com a mãe, adoecendo por falta de trocas lúdicas e linguageiras, precisamos simultaneamente intervir no sentido de proporcionar ao bebê e à criança essas trocas de que precisam e também no sentido de acolher e tratar a mãe para a superação dos conflitos que poderiam estar na origem de suas dificuldades em interagir de outra forma – na maioria das vezes conflitos inconscientes resultantes de falhas em sua própria maternagem – para que ela possa ofertar ao bebê as trocas lúdicas de que ele precisa.

Com o bebê e a criança, a própria relação terapêutica estabelecida, permeada pela palavra, pelas trocas lúdicas e pela nomeação dos afetos, terá o efeito duplo de intervenção para a vitalização do bebê e da criança, convocando-os a um modo de vinculação não operacional, como também terá o efeito importantíssimo de provocar a mãe, ativa e participante nesse processo terapêutico, permitindo uma certa identificação conosco ali, com a nossa forma lúdica e linguageira de nos comunicarmos com ela e com a criança.

Na vida adulta, as pessoas que carregam os registros das primeiras vinculações mecanizadas, tendem a apresentar dificuldades com o manejo da intensidade dos afetos, evitando-os.

Estar em relações mecanizadas é algo limitante, mas conhecido e portanto menos ameaçador. E isso pode gerar uma certa inércia no sentido de romper com relações desprovidas de calor afetivo e trocas lúdicas. Além disso, a pessoa não se sente vibrante e com recursos para ser, ela própria, menos robotizada e portanto mais capaz de buscar relações afetivas vibrantes. A identificação precoce com um modo robotizado de ser provoca uma zona de desafetação no contato com as pessoas como uma defesa contra conteúdos afetivos intensos e difíceis de lidar. Difíceis de lidar porque comportam riscos, ao contrário das relações robotizadas que envolvem sofrimentos aparentemente menores. Perder um relacionamento assim teria aparentemente implicações objetivas e práticas na vida da pessoa, e ela tende a rapidamente fazer os "consertos" necessários nesse tipo de estrago causado, como, por exemplo, ter que mudar de apartamento.

Mas na verdade há um grande sofrimento que precisa, na análise, encontrar espaço para aparecer: o sofrimento de não poder amar como gente e sofrer como gente. Gente ama, gente sofre, se decepciona, se recupera, ama de novo.

A própria relação analítica será o espaço de transformação: uma relação não robotizada, onde elementos afetivos não precisam ser sufocados ou negados. Com esses pacientes, muitas vezes, é mais importante pontuar a tonalidade afetiva do conteúdo do que o próprio conteúdo, pois isso escapa muito ao sujeito que cresceu com mais espaço para suas manifestações objetivas, essas sim normalmente atendidas, do que para suas manifestações subjetivas, que não puderam ser captadas e acolhidas pelos cuidadores robotizados.

O temor ao risco afetivo inerente aos relacionamentos – riscos de amar e ser amado, de decepcionar e ser decepcionado, de abandonar e ser abandonado – será superado na medida em que recursos psíquicos forem sendo desenvolvidos para lidar com essas possíveis dores, entendendo que é o preço a ser pago pelo acesso à intensidade dos afetos humanos.

7.1.2 *Helplessness*

Helplessness é um termo que, em tradução livre para o português, significa o estado ou condição de completa falta de ajuda, geralmente traduzido por desamparo ou impotência. Tudo isso é identificável, mas o melhor entendimento clínico para o termo seria uma sensação que o sujeito apresenta de que nada que ele faça modificará sua situação ou o curso dos acontecimentos. Essa sensação o deixa no início perplexo, mas depois anestesiado e resignado, mas não feliz. Sentir-se não feliz é pior do que estar infeliz. Normalmente lutamos quando estamos infelizes, mas não lutamos quando estamos "não felizes", simplesmente não felizes, mas não infelizes. *Helplessness* não corresponde a um sentimento de estar infeliz, e sim a um sentimento de estar anestesiado, nem feliz nem infeliz, desamparado e impotente diante da vida.

Constatado frequentemente entre pacientes com doenças associadas à desorganização progressiva do aparelho mental, como as doenças crônicas e potencialmente fatais, o sentimento de *helplessness* está associado a uma depressão que se mostra por uma letargia, resignação e indiferença para com a vida, normalmente associada a uma diminuição da resposta imunológica. Pode ser que essa diminuição da resposta imunológica, envolvendo fatores emocionais e fisiológicos, que se inter-relacionam, se deva também a uma falta de disposição para o autocuidado, que envolve por exemplo um desânimo para caminhar ao sol, cuidar da alimentação e ter atividades prazerosas.

Pequenas mudanças introduzidas a partir do tratamento devem ser nomeadas para que o paciente comece a notar alguma relação entre o que ele modifica – tanto na realidade psíquica como na realidade externa – e as alterações no cenário anteriormente relatado, o que começa a contribuir para a superação desse sentimento de *helplessness*.

A análise das relações precoces desses pacientes normalmente evidencia vinculações provocadoras de desorganização psíquica, não permitindo à criança ter a devida noção entre o que ela podia fazer para conseguir o que queria ou para evitar o que não queria, sendo deslegitimada em suas tentativas e, pior que isso, muitas vezes confundida pelos adultos que ora puniam, ora premiavam e ora eram indiferentes às mesmas tentativas, resultando, no futuro, numa sensação de desamparo e de que nada do que viessem a tentar poderia ajudar a modificar seu sofrimento.

7.1.3 Despersonalização e submissão

O sujeito tem o dever de dizer de si e de não recuar diante de seu desejo, sob pena de despersonalizar-se e com isso se tornar vulnerável à submissão e à depressão. Quando o sujeito não diz de si e são os outros que dizem por ele, ditando seu modo de ser e viver, isso o mortifica.

Muito comuns na atualidade, esses processos de mortificação do sujeito acabam por fazê-lo uma presa fácil do consumo alienado, de relações abusivas, de trabalhos extenuantes e sem sentido, e tantas outras experiências de despersonalização.

Na história de vida desses pacientes, encontramos os registros de vinculações onde a criança não pôde desenvolver seus próprios potenciais e identidade, tendo que corresponder aos ideais e expectativas impostos pelos pais. Nesses casos, a submissão é o caminho para obter amor, pois o que é diferente e estranho em relação à projeção feita pelos pais é duramente rechaçado e não encontra espaço para prosperar. Sem recursos de enfrentamento, a criança se despersonaliza e se submete para poder existir.

É preciso trabalhar ao mesmo tempo com os pais para resolverem suas frustrações na análise e desocupar a criança da tarefa de ser ou fazer aquilo que eles não puderam ser ou fazer, bem como é importante trabalhar a criança para que se revitalize e crie alternativas para se expressar. Nem sempre será possível a ela fazer o que gostaria, pelo menos enquanto depende de seus pais, mas poderá crescer e então enxergar, justamente aí, a esperança e a alegria. Mas até lá, para não sucumbir à depressão, poderá encontrar formas alternativas, sublimatórias de lidar com seus desejos ainda impedidos pelos pais. Impedir o ato não é o mesmo que impedir o desejo, e mesmo quando o ato precisa ser barrado, o desejo precisa de alguma forma poder circular, pelas palavras e produções sublimatórias.

Na vida adulta, é preciso trabalhar com esse paciente para que possa romper com a obrigação de corresponder aos ideais paternos ou de outros em suas reedições, desenvolvendo antes os recursos psíquicos necessários para lidar com as possíveis reações daqueles que não tiveram que lidar com as manifestações de desejo e existência própria daquela pessoa que até então se mortificou e adoeceu para a doença do outro não aparecer. E quanto mais a doença do paciente é superada, mais a doença do outro, antes compensada pelo funcionamento doentio do paciente ou da própria relação, aparece e pode levar a reações diversas, incluindo, dependendo do caso, inaceitação e agressividade.

Um trabalho cuidadoso deve ser feito para que, nesses casos, todos os suportes necessários sejam desenvolvidos a fim de não colocar em risco a integridade física e psicológica das pessoas envolvidas.

Mas nem sempre as reações serão nessa direção e gravidade. Muitas vezes aparecerão somatizações ou tentativas de manipulação e chantagem, o que também demanda um trabalho para que o paciente possa lidar com essas possíveis manifestações.

Na análise o sujeito será convocado a dizer de si, o que por si só já começa a enfraquecer a dinâmica de despersonalização a que se submete. Além disso, será convocado a se desalienar e conhecer melhor seus desejos, a se apropriar deles e assumir o dever de não recuar diante deles, constituindo-se, portanto, a análise em um espaço privilegiado de superação da despersonalização, da submissão e da depressão.

8
Suicídio

Por que as pessoas não sabem mais descansar sabendo que "funcionar" o tempo todo é tão cansativo? O *looping*, o consumo alienado e a robotização são algumas das características da pós-modernidade que contribuem para a tão frequente queixa de falta de sentido de viver e, consequentemente, para o aumento de uma fragilização psíquica que pode potencializar o risco de suicídio.

A pós-modernidade é considerada uma sociedade performática. (Birman, 2011) Nessa perspectiva, estar bem significa estar em condições de fazer boas performances o tempo todo. Não há tempo para não produzir, não conectar, não fazer; é preciso fazer, produzir, conectar, consumir o tempo todo, sem intervalos significativos que permitam refletir, pensar, entrar em contato com o que se está sentindo. Aliás, sentir é tido como bastante perigoso hoje em dia, fato esse extremamente favorável à indústria farmacêutica. Conectar-se com os próprios sentimentos parece colocar o sujeito em risco de ver e sentir coisas que é preferível não ver nem sentir; melhor adiar tanto quanto possível esse terrível encontro com a própria dor ou vazio. Nunca nos conectamos tanto com o mundo externo, sejam pessoas sejam coisas que possam estar em qualquer lugar do mundo. A exposição aos objetos na prateleira aumenta absurdamente com essas conexões ilimitadas, porque é possível "desejar" algo o tempo todo, e ter acesso rápido a esses "desejos". Num ritmo frenético, as pessoas "desejam": um celular, uma roupa de grife, um carro e assim sucessivamente. O celular é um bom paradigma, constando na lista entre os principais "objetos de desejo". Há um ritmo desordenado em relação à busca por esses objetos. Desejar o tempo todo é extremamente cansativo, e é preciso descansar e se recuperar para poder desejar mais. Aqui nem estamos falando a rigor de desejo, e sim de consumo. E consumir o tempo todo é letal. Eis o que está acontecendo na pós-modernidade, em larga escala: as pessoas são levadas a consumir o tempo todo na tentativa de obturar a angústia, cada vez mais difusa e sem nome. Tanto em áreas nobres quanto em áreas desfavorecidas, em camadas socioeconômicas diversas mas submetidas aos mesmos apelos midiáticos, as pessoas são levadas a "precisar" de bens de consumo muitas vezes fora de suas realidades objetivas ou subjetivas. A aquisição de bens materiais é legítima e todos nós queremos ter acesso a bens de consumo. O problema passa a existir quando esse consumo ocupa uma função de preenchimento de outras faltas que não aquelas a que o objeto se destina. A exemplo das medicações excessivas, o psicotrópico entra muitas vezes no lugar de um mal-estar que denunciaria a necessidade urgente de uma vida mais satisfatória e feliz. Na impossibilidade de se buscar essa vida mais satisfatória, o que pode demandar mudanças significativas como romper com relacionamentos falidos e com trabalhos opressores, calar os sintomas pode ser uma alternativa para se seguir adiante, mas não sem o preço de produzir outros sintomas. Assim, muitas pessoas precisam de um medicamento para ligá-las de manhã e outro para desligá-las à noite.

On-off, e também, como a maioria dos aparelhos, um certo *standby* diante da vida. Estar no *standby*, funcionando no modo automático, como muitos pacientes relatam, mostra a descapitalização afetiva em que o sujeito se encontra e, como tal, desprovido de recursos diante de situações onde as respostas operacionais não bastam. Diante de problemáticas afetivas, especialmente as que envolvem o encontro com a falta e com o desejo, certamente as respostas operacionais não bastam; elas falham, deixando o sujeito diante da estranheza de "não estar funcionando bem". A identificação com a máquina, destituída de funções afetivas, exemplifica casos de desafetação, em que um modo de viver orientado pela realidade externa começa a assumir o comando da vida. Isso significa se orientar pelo enquadramento em vetores temporais e espaciais ligados às tarefas que a pessoa executa. Ela está em um lugar sem saber se deseja estar ali, organiza sua rotina sem saber se é a que deseja viver, faz cada vez mais o que "tem que" fazer, de acordo com um *script* que vem de fora – da mãe, do pai, do professor, do chefe, da sociedade – e que o sujeito assume com o custo de alienar-se de seus próprios desejos.

Esse funcionamento automático, cada vez mais ligado a prerrogativas externas e cada vez mais dissociado das sinalizações subjetivas, provoca uma depleção simbólica no sujeito. Em estado de robotização, de desnutrição de afeto e de símbolos, os golpes da vida podem ser inassimiláveis, provocando uma sideração do sujeito que pode aproximá-lo por demais do chamado da morte. A dor provocada por essa sideração é tão devastadora que os produtos disponíveis para consumo não conseguem curá-la ou aplacá-la, levando o sujeito a um limiar em que pode vir a responder a esse chamado da morte, como tentativa última de pôr fim a essa dor de existir. Construir um espaço de simbolização e superação dos traumatismos para que se possa ir além do meramente existir para começar a viver é o que a relação terapêutica tem a oferecer. A relação terapêutica assume aqui importância central no tratamento, pois é nela que o sujeito tem a chance de encontrar um ancoramento até que recupere ou desenvolva algum elã com a vida. Até lá, é tarefa do analista ser o suporte para esse ser esvanecido pelas mortificações que carrega, ao mesmo tempo trabalhando com ele um enigma que sozinho dificilmente o paciente seria capaz de elucidar: o que precisa morrer para que ele possa viver?

Quando alguém não consegue sentir o próprio desejo de existir, ainda assim pode se sentir existindo no desejo de alguém, tal como lá no começo da vida, quando foi estruturante nos alojarmos no desejo do outro de que vivêssemos até nos capacitarmos a tomar conta de nosso próprio desejo de viver.

Essa evidência é aplicável à clínica com o paciente em risco de autoextermínio, pois se ele conseguir se perceber vivendo dentro do desejo do analista, talvez ele possa se identificar novamente com um ser vivo e pulsante, e aí pode estar a centelha que reacenderá sua vontade de viver.

A clínica com aqueles que já não conseguem sentir o próprio desejo de existir mostra que essa encapsulação do desejo de viver só pode ser rompida por um outro desejo, forte e vibrante o bastante para capturar o sujeito em seu desejo fundamental: o desejo de ser desejado.

A identificação dos sinais de risco de suicídio e dos diversos significados que ele pode assumir na história do sujeito é fundamental para delinearmos as ações de prevenção, acolhimento e cuidado com as pessoas em sofrimento psíquico.

Devemos estar atentos aos dizeres que significam adeus, à diminuição do autocuidado, ao isolamento, ao sofrimento por *bullying* ou *autobullying*, ao aparecimento ou agravamento de problemas de conduta, ao histórico de tentativas anteriores de suicídio e de casos na família. Um sinal de alerta para o alto risco de autoextermínio é a descrição do que estão vivendo como intolerável (insuportável), inescapável (não veem saídas) e interminável (um sofrimento que não tem fim).

Também é importante intervirmos nas condições que podem aumentar a vulnerabilidade ao risco, como a presença de dor crônica e doenças incapacitantes.

Os eventos recentes, como rupturas de relacionamentos e mais ainda aqueles que têm, para o sujeito, um caráter de humilhação, como traição conjugal, falência, cobranças de dívidas, prisão, podem ter a potência de um gatilho para o suicídio.

Além disso, é preciso acompanhar de perto o momento de melhora do paciente, quando paradoxalmente os riscos aumentam. Mas por que isso acontece? Porque o paciente ganha força para o ato e ao mesmo tempo ele e as pessoas no entorno começam a relaxar nas recomendações dos profissionais, por acreditarem em uma melhora que era apenas sintomática, que ainda não refletia uma retificação subjetiva frente ao desejo de existir e, mais do que isso, ao desejo de existir no desejo de alguém, o que, em última instância, é o grande propulsor de elã com a vida.

Por isso os cuidados e o tratamento precisam seguir, até que a dificuldade de existir seja superada e o sujeito possa se realojar em sua própria vida, da qual se sentiu desertado e ao mesmo tempo despreparado para enfrentar o desamparo e o desespero que isso provocou.

Alguns fatores são considerados protetores e devemos promovê-los: laços afetivos com familiares e amigos, uma relação terapêutica positiva, acesso a serviços e cuidados de saúde mental e superação dos agravantes existentes, como desemprego, lutos, sofrimentos no trabalho, na escola ou nos relacionamentos.

8.1 Suicídio como colapso da função desejante

Quando descansamos adequadamente de nossas funções, podemos mantê-las ativas e renovadas, mas se as desgastamos permanentemente ou somos submetidos a um grande trauma, elas vão entrar em colapso.

Assim acontece também com a função desejante que, exposta a traumas permanentes ou a um episódio traumático de proporções catastróficas, pode entrar em colapso.

Não temos garantias de que aquilo que desejamos nós o teremos para sempre. Estamos sempre sujeitos à perda, à rejeição, à retirada do afeto, ao abandono, à decepção, à quebra da idealização.

Então desejar pode ser algo extremamente perigoso para o sujeito, pois o coloca em risco de entrar novamente em contato com a dor intolerável causada pela perda traumática daquilo que um dia ele desejou.

> O desejo de nada desejar é uma aspiração fadada ao fracasso. [...] É esse ambiente que antes atendia a tudo que começa a fracassar e a impor sua linguagem verbal que, segundo Ferenczi, é a única que permite a adaptação à realidade, re-

tardando a descarga motora reflexa e a liberação do desprazer. [...] O ato de representar verbalmente passa a ser algo imposto pelo meio simbólico, além de ter a função de aplacar a angústia, o desamparo e de dar um freio à pulsão de morte. (Pinheiro, 2016, p. 43)

Identificar o colapso da função desejante é fundamental para entrarmos com medidas de proteção e de prevenção ao suicídio, em especial a oferta de uma escuta clínica de tal modo a permitir esse aplacamento da angústia e do desamparo, e que funcione como um freio à pulsão de morte que põe o sujeito em contato com o risco do ato. Uma pessoa que não deseja mais nada pode operar com uma rapidez incrível o desprendimento de tudo e de todos, como uma medida inconsciente de proteção contra novas perdas e abandonos. Esse desligamento, refletido em atitudes de isolamento e em desinvestimento afetivo das relações, é um sinalizador de risco aumentado.

O “bater em retirada” de um mundo que passa a ser percebido como hostil ou desinteressante precisa ser acompanhado. É importante permitir um descanso desse mundo hostil, mas sempre atentos ao fato de que uma pessoa adoecida pelo efeito de esfacelamento e aniquilação provocado por sucessivos ataques ao narcisismo ou por um único mas incomensurável ataque precisa ser monitorada e acolhida até que a coesão egoica seja reconstituída.

Uma pessoa que se sente esfacelada e aniquilada não pode ficar exposta aos mesmos riscos potenciais geradores do trauma nem pode ficar sozinha. Isso significa retirá-la da situação promovedora da crise, seja um relacionamento, a escola ou o trabalho, e prover o suporte e acompanhamento necessários.

As questões de base, ligadas à fragilidade narcísica, terão que ser tratadas em análise, mas a medida imediata de proteção precisa ser implementada: proteger do risco da reincidência traumática, pois esse pode ser o gatilho para a passagem ao ato.

Os resultados têm sido muito positivos quando conseguimos apoio de familiares e amigos para a implementação dessa medida de emergência que é retirar a pessoa do ambiente de risco de reincidência traumática. Além disso, essa medida promove um descanso temporário – um lapso para se recuperar do colapso – acompanhado por pessoas queridas, o que tem função terapêutica para alguém que se encontra, nesse momento, precisando de cuidados e de reafirmação do afeto. Essa medida deve ser implementada sem implicar em interrupções das demais condutas prescritas pelos profissionais.

Esses pacientes relatam um desejo de "sumir, desaparecer". Mas para onde? Que lugar é esse onde o sujeito não precisa mais desejar e nem se haver com o enfrentamento do desejo do outro em desencontro com os seus?

A morte pode ter essa representação de passaporte para um lugar mágico onde não é preciso responder pelo desejo e nem sofrer os efeitos dos desencontros inerentes às relações. É por isso que, como parte do tratamento, como medida de um descanso necessário, procuramos um lugar que contenha um pouco dessa representação de lugar mágico: que por um tempo pessoas queridas cuidem, estejam presentes, protejam, reforcem o afeto, deixem claro pela sua própria dedicação que lutarão para que essa pessoa viva, até que ela recupere seu desejo de existir e de lutar pela vida. Para isso vão fazer o que for preciso, como cuidar da alimentação, fazer companhia, impedir a abordagem de pessoas desestabilizadoras, e tudo mais que forem orientadas a cumprir. Enquanto isso, a análise também cumpre suas funções, em especial a função de oportunizar a formulação, em palavras, daquilo que está prestes a se formular em um ato.

8.2 Suicídio como tentativa de matar o outro introjetado

Há casos em que a ruptura de uma relação provoca uma fratura gravíssima no psiquismo, uma dor incomensurável e difícil de ser superada, quando são relacionamentos caracterizados por uma simbiose emocional, uma despersonalização gradativa para "ser conforme o outro" ou "conforme o outro quer que eu seja". Enquanto a relação se mantém, as fragilidades egoicas não aparecem, visto que são compensadas pelo ancoramento num referencial identitário externo, a ponto de o sujeito se ver nesse outro e não conseguir viver sem ele. Esse sujeito adoecido já não faz nada sem o outro, não tem vida própria, não deseja por si mesmo, não se autoriza a desejar e depende da presença do outro para se sentir vivo.

Nesses casos, diante de uma ruptura, o sentimento de abandono e rejeição desorganiza o psiquismo. O sujeito não se vê com recursos para matar simbolicamente o outro e dele se desprender. Essa é uma operação psíquica que ajudaria no processo e que se espera alcançar com o tratamento, mas nesse momento brutal o sujeito não consegue fazer isso. A perda não é vivida como uma perda do objeto, e sim como uma perda de si no objeto. Frases como "perdi minha vida", "perdi tudo que eu tinha", "ele(a) era tudo pra mim" são comuns nesse momento.

A dificuldade de direcionar sentimentos de ódio ao objeto que infringiu o abandono advém de uma necessidade inconsciente de manter intacta a imagem introjetada do objeto. Os pacientes relatam os aspectos bons e até atributos fálicos do objeto abandonante, justificando-se incapazes de prover por eles mesmos aquilo de que este ser os provia. Essa é a realidade psíquica com a qual se confrontam nesse momento, e para romper com o ser que abandona e fere também será necessário romper com esse ser grandioso e provedor. É preciso pontuar isso, pois a manobra psíquica que enquista o sujeito é o mecanismo de cisão entre um ser grandioso e bom – que não abandona – e um ser grandioso e mal – capaz de abandonar. Antes grandioso em suas habilidades fálicas em prover, proteger, dominar, e agora grandioso em suas habilidades de abandonar e ferir.

Mas, na tentativa de preservar ainda alguma idealização do ser eleito, uma operação psíquica possível é matar a si mesmo, direcionando toda a carga de culpa, desvalidação e desmerecimento para si. Inconscientemente, matando-se a si mesmo, mata-se o outro, por causa da equação existente nesse tipo de vinculação em que eu = o outro. Essa objetalização implica numa mortificação do sujeito que o instiga a tentativas de consumar essa morte, num ato suicida que, em seu inconsciente, representa muito mais um homicídio.

Com uma identidade incipiente e frágil, o sujeito se acopla a uma outra identidade e entra em colapso como consequência de um descolamento forçado pela ruptura do relacionamento. Nesses casos é fundamental trabalharmos a capacidade de diferenciação eu-outro, que corresponde ao desenvolvimento de uma identidade própria.

Além disso, é fundamental trabalharmos a capacidade de manejo simbólico da morte para que o sujeito não precise se matar de fato, o que corresponderia a poder se separar do objeto abandonante e continuar vivendo, ao invés de se matar numa tentativa desesperada de matar o outro dentro de si, decorrente da sua incapacidade de matá-lo simbolicamente.

8.3 Suicídio como forma de comunicar a falta de sentido para a vida

Qual é o sentido da vida? Essa pergunta permite uma infinidade de respostas e várias delas são consideradas pelos próprios pacientes com risco de autoextermínio como ineficazes em demovê-los da angústia e da convicção da falta do sentido de viver.

Quando o sujeito está imerso nessa convicção, da qual não abre mão de jeito nenhum, querer tirar dele essa verdade apresentando-lhe outras supostas verdades, as quais comprovariam que a vida tem algum sentido, é uma medida ineficaz na maioria das vezes, ou por não surtir efeito mesmo ou por se constituir numa medida arriscada se fizer efeito, qual seja o de impor ao sujeito sentidos dos quais ele não se apropria. Uma realidade de descontentamento, desprazer, cansaço, injúrias, humilhação, despersonalização, sentidos e idealizações impostos por pais, parceiros ou outros dos quais o sujeito não consegue se defender pode provocar uma desistência, significante da *des-existência*, até chegar nesse ponto de o sujeito ver, na morte, a saída possível para interromper um mal-estar que de outra forma não consegue barrar. E depois de tanto se sentir na posição passiva e sem recursos de enfrentamento, há algo que pode fazer sozinho, que “resolve” sozinho e que lhe devolve a sensação de ser dono de sua vida: a decisão e o ato de acabar com ela. Quando apenas essa medida drástica é vislumbrada pelo paciente como a única ação que ele pode fazer diante da realidade que está experimentando como insuportável, o risco de suicídio é muito alto, especialmente se essa pessoa apresenta os fatores de potencialização já mencionados.

As pessoas que têm em si o registro de uma má acolhida e a sensação da falta de um lugar para elas no mundo apresentam uma vulnerabilidade aumentada ao risco de suicídio. Elas sentem com mais facilidade que sua presença é um estorvo, não é desejada ou não faz diferença.

> [No] artigo ‘A criança mal acolhida e sua pulsão de morte’ (1929), [...] Ferenczi falou das crianças não desejadas, hóspedes mal recebidos na vida, desde o seu início. Relatou casos e fez o perfil desses bebês como tendo uma probabilidade grande de morrerem facilmente na infância. Quando escapam a esse destino, tornam-se pessoas céticas, desconfiadas, nostálgicas, passivas, inapetentes ao trabalho, incapazes de manter um esforço prolongado [...]. (Pinheiro, 2016, p. 107)

Vivem sem muita relação com o prazer, sem saber bem onde e como encontrá-lo.

O desejo de matar-se pode representar uma atualização de um registro de ruptura ocorrido em momentos da vida em que ainda não havia uma separação do outro. Quando a pessoa não consegue se distinguir do outro por meio de recursos simbólicos, em especial os recursos da linguagem, o ato pode vir para cumprir essa função.

Quando uma pessoa se encontra na iminência de “acabar com tudo”, é preciso dar a ela as condições de passar para a palavra o que caberia nesse “tudo”. Tudo o quê?

Respostas como "não tem lugar para mim nesse mundo", "nunca paro em emprego", "sempre as pessoas terminam comigo", "nada dá certo", "tudo dá errado" são expressões comuns mas que não refletem a complexidade, com certeza maior, envolvida num contexto capaz de provocar uma possível passagem ao ato de suicídio. Passar para a palavra já promove um certo distanciamento do ato, na medida em que pode aplacar uma parte da angústia e dar início à construção de sentidos onde há um discurso totalizador e paralisante (presença de certezas e de expressões como "tudo", "nada", "sempre", "nunca"). A expressão "não tem lugar para mim nesse mundo", somada a um histórico de dificuldades da mãe em dar um lugar ao bebê quando de sua chegada, que é tanto a chegada em seu corpo, como também a chegada no mundo externo, quando precisa se alojar afetivamente na mãe-ambiente, é indicativa de um risco aumentado de autoextermínio.

Acontece de, mesmo antes mesmo de ganhar um nome, o bebê ser nomeado como um problema, um estorvo ou "algo" indicativo de uma indiferença, vivenciando então, desde muito cedo, as marcas de uma falta de alegria pela sua existência.

O trabalho de análise pode representar a chance para o sujeito de se transformar em uma pessoa vitalizada, liberando energia para desejar por si mesmo viver. Desenvolvendo a capacidade de romper com aqueles que não se alegram com a sua existência, o sujeito evolui para uma certa inventividade de si mesmo e parte para a busca de relacionamentos onde haja alegria pela existência própria e alegria mútua pela presença de um e de outro.

Quando recebemos um paciente com risco elevado de autoextermínio, que declara não encontrar nenhum sentido em permanecer vivo, precisamos conseguir escutar se esse sujeito está mortificado pelo massacre da imposição do desejo do outro sobre o dele e por isso mesmo não consegue encontrar espaço para existir; ou se ele desconhece por completo seus desejos e não consegue formulá-los, expressando simplesmente não desejar nada, a não ser a morte. No primeiro caso, o sujeito deseja ou desejou algo, do que foi radicalmente impedido. No segundo, não há a expressão de um desejo impedido, e sim a ausência total de desejos.

Quando a existência se transforma apenas em obrigação de viver para sustentar idealizações alheias, a penalidade para a não sustentação dessas idealizações é claramente a perda do amor e de todo o amparo que, feita outra escolha, o sujeito não mais obteria.

Nos casos em que há um esgotamento ou uma recusa em continuar em alguma situação – emprego, relacionamento, curso –, considerando o histórico de agravamento de sintomas que acompanham esse esgotamento/recusa e na presença de sinais de risco de suicídio, tal situação precisa ser interrompida imediatamente. Não precisa ser algo definitivo em princípio, posto que isso pode levar a um conflito incontornável, como a decisão de abandonar um curso ou um emprego. De imediato, propomos intervenções como trancamento de matrícula por um semestre, afastamento temporário do trabalho, até que se possa tomar talvez uma decisão definitiva. Mas esse não é o momento de tensionar ainda mais a situação com a ideia de algo definitivo. Encontramos resistência na adesão a essas medidas, com argumentos que racionalmente podemos compreender, como a perda do semestre, por exemplo, mas com os quais não podemos concordar, mantendo nossas intervenções na direção da proteção à vida.

O rompimento com um Ego Ideal parental para assumir um Ideal de Ego precisa de um ancoramento narcísico de modo que o sujeito se sinta capaz de se preparar para a ameaça colocada – de desamparo – começando a enxergar que o ganho de liberdade psicológica ao assumir suas escolhas e formas de se prover para sustentá-las pode compensar a perda de um apoio que lhe custava a autonomia. O efeito devastador que a ameaça de retirada do apoio, percebida como retirada do afeto, poderia causar, passa a ser minimizado pelo efeito de crescimento que ele pode comportar, facilitando a passagem de uma posição infantilizada de dependência em relação ao amor dos pais para a busca de outros amores.

Quando recebemos um paciente com risco de autoextermínio, precisamos trabalhar com ele a ideia de que parece mesmo haver a necessidade de alguma morte, mas que talvez essa morte não precise ser total, e sim parcial. Então o que será que está precisando morrer? Um certo modo de vinculação com os pais? A infância como um "paraíso" onde ele não precisava lutar pela sobrevivência mas não tinha consciência de que isso estava atrelado ao preço de sustentar os ideais parentais? Uma posição subjetiva onde ele precisa de autorização para assumir seus desejos? Enfim, precisamos formular perguntas que nos orientem e orientem o paciente para pôr fim à confusão entre a parte e o todo, o que se traduz na possibilidade de uma morte parcial – de uma relação, de uma idealização, de um aspecto da identidade etc – ao invés de uma morte total – o suicídio. Para essas pessoas, o luto decorrente dessas mortes parciais pode ser tão doloroso a ponto de a morte propriamente dita representar uma defesa ao sofrimento inerente a esse luto e também ao trabalho de reconstrução de si que vem depois dele. Tudo isso é, para o paciente, realmente trabalhoso e nesse momento visto como um fardo demasiado pesado do qual é melhor fugir, por isso as intervenções devem ser inicialmente no sentido de recuperar a homeostase e as funções regulatórias básicas. Para isso deve-se promover o descanso necessário daquilo que provocou a desarticulação com o desejo de viver, pois só mais adiante o sujeito estará capacitado para novas escolhas. Nessa primeira fase do tratamento, ele não poderá ter uso pleno de seu direito de escolha, pois ainda está doente e isso o leva a escolhas autodestrutivas e de risco, o que será vetado. É assim que, embora possa não estar consciente de sua exposição ao risco em certas escolhas que pretende fazer, ele percebe que nós, os analistas, estamos. E o nosso veto nesse caso tem o poder de indicar que desejamos que ele se mantenha vivo. Ao mesmo tempo, todas as escolhas indicativas de pulsão de vida serão encorajadas.

Validar cada desejo que aparece, excetuando os que apontam para a autodestrutividade, é fundamental para a (re)constituição do narcisismo abalado daquele que perdeu a vontade de viver.

9
As contribuições de Freud, Lacan, Dolto, Spitz e Winnicott e das neurociências

Neste capítulo, compartilhamos com os leitores parte de nosso material didático, construído ao longo de três décadas de atuação no atendimento em consultório, na supervisão e na formação de psicólogos e psicanalistas, marcada sempre pela interlocução entre diferentes bases teóricas, pela articulação entre a teoria e a prática e pela vivência de uma clínica rica e variada. Apresentamos, esquematicamente, algumas contribuições de Freud, Lacan, Dolto, Spitz e Winnicott e das neurociências, as quais embasam a abordagem apresentada nesta obra.

<table>
<tr><th colspan="13">Fases do desenvolvimento (idades aproximadas)</th></tr>
<tr><th></th><th>Gestação</th><th>Nascimento</th><th>3 meses</th><th>6 meses</th><th>9 meses</th><th>12 meses</th><th>2 anos</th><th>3 anos</th><th>4 anos</th><th>5 a 6 anos</th><th>7 a 10 anos</th><th>De 10 anos em diante</th></tr>
<tr><td>Winnicott
1896 - 1971</td><td></td><td colspan="3">Fase da dependência absoluta</td><td colspan="3">Fase da dependência relativa</td><td colspan="5">Fase da independência relativa</td></tr>
<tr><td>Freud
1856 - 1939</td><td></td><td colspan="5">Fase oral</td><td colspan="2">Fase anal</td><td colspan="2">Fase fálica</td><td>Latência</td><td>Fase genital</td></tr>
<tr><td>Spitz
1887 - 1974</td><td></td><td colspan="2">Sorriso social</td><td colspan="2">Fase do estranho
Angústia do 8º mês</td><td colspan="2">Conquista do não</td><td></td><td></td><td></td><td></td><td></td></tr>
<tr><td>Dolto
1908 - 1988</td><td>Comunicação interpsíquica</td><td>Castração umbilical</td><td></td><td colspan="4">Castração oral</td><td>Castração anal</td><td>Castração primária</td><td>Castração edípica</td><td></td><td></td></tr>
</table>

Aspectos do desenvolvimento (idades aproximadas)					
40 semanas de gestação Vida intrauterina		**Nascimento/ primeiras horas/ três primeiros dias**	**3 primeiros meses**	**7 a 9 meses**	**10 a 18 meses**
Tem que se implantar em uma vida humana.		Tem que se implantar em uma relação humana. Continuum sensorial			
Até 3 meses: embrião	De 3 meses em diante: feto	Fixação do rosto materno Procura pela voz do pai Necessidade das referências sensoriais	Adaptação gradativa à vida aérea 1º organizador: sorriso social. Fixação de neurotransmissores: apaixonamento	2º organizador: angústia da separação Desenvolvimento da atenção compartilhada Progressiva diferenciação eu-não eu	Conquista do "não", da linguagem e do andar Desejo diferenciado do desejo do outro
A descontinuidade / imprevisibilidade nesse período é letal.	A descontinuidade / imprevisibilidade nesse período pode ser letal ou deixar sequelas.	A descontinuidade /imprevisibilidade nesse período é extremamente grave.	A descontinuidade /imprevisibilidade nesse período é extremamente grave.	É vulnerável a separações, mas suporta melhor a descontinuidade da presença materna. Não suporta a imprevisibilidade e a não confiabilidade.	Adquire novas visões de mundo, explora mais o ambiente.

Fase oral: do nascimento aos 12 meses aproximadamente	Primazia da zona erógena bucal. O prazer da sucção é independente das necessidades alimentares e constitui um prazer autoerótico. As pulsões fundamentais são o seio, a voz (o manhês, a musicalidade), o olhar. A elaboração mental assume, nessa fase, uma forma onírica, pseudoalucinatória. A criança desenvolve-se armazenando as palavras, os sons, as sensações, as imagens. É fundamental e estruturante que haja um predomínio de experiências de satisfação e prazer. É a base para a estruturação de um narcisismo forte.
Fase anal: 2 a 3 anos aproximadamente	Primazia das zonas erógenas ligadas às funções excrementícias. Pela conquista da disciplina esfincteriana, a criança descobre a noção de seu poder, de sua propriedade privada (os seus excrementos), que ela oferece ou não. Percepção dos pares antagônicos (bonito-feio, bom-mau, grande-pequeno etc). Há mecanismos de identificação e de projeção. Necessidade de consolidação de uma identidade própria (oposicionista).
Fase fálica: 4 a 6 anos aproximadamente	Ao dissociar-se da função excrementícia (característica da fase anterior) para assumir um significado intrinsecamente emocional, essa tensão exige um apaziguamento. A disputa pelo poder é a disputa pelo afeto do objeto amoroso, e portanto as rivalidades se tornam intensas. Cria-se nessa fase a base afetiva do interesse cada vez maior em aprender, conhecer e valorizar o saber. Gosta de super-heróis. Surge a descoberta da morte, que está associada à imobilização e à irreversibilidade. Associação entre a descoberta da morte e a angústia de castração. Fase do empoderamento, da identificação com personagens e super-heróis. Época dos "porquês" e das curiosidades sexuais, do "Para que serve isso?" "De onde vem isso"? Adquire a noção de tempo (ontem, amanhã, semana que vem etc).
Latência: 7 a 10 anos aproximadamente	Para acalmar os conflitos, a sublimação entra em vigor. A energia é empregada na aquisição dos conhecimentos necessários à luta pela vida, em todos os planos.
Fase genital: de 10 anos em diante aproximadamente	Há um redespertar dos conflitos, e lhes falta aprender a concentrar sua ternura e suas emoções sexuais num mesmo ser e, após a desmistificação de sucessivas escolhas, fixar uma escolha objetal. O desfecho do desenvolvimento libido-genital bem-sucedido é caracterizado pela "vocação", o engajamento, o compromisso, a opção deliberada, que, quando é integral até no inconsciente, faz-se acompanhar do desenvolvimento psicofisiológico normal e da fixação libidinal. Fracassos ou erros na escolha do outro eleito e as provações da vida podem fazer reaparecer modos de pensar, funcionar e reagir das fases anteriores.

Pulsão	É um conceito situado na fronteira entre o psíquico e o somático que designa o representante psíquico dos estímulos que se originam dentro do organismo e alcançam a mente, é o estímulo para o psíquico; exigência de trabalho imposta ao psiquismo.
Os quatro elementos da pulsão	Fonte: processo somático, interior a um órgão, ou a uma parte do corpo, cujo estímulo é representado na vida psíquica pela pulsão. Pressão: força que impõe uma exigência de trabalho ao psíquico. Não se confunde com a necessidade biológica e nem está a serviço dela. Objetivo: é sempre a satisfação (nunca totalmente atingida). Objeto: é o que há de mais variável na pulsão, é aquilo através do que ela busca atingir seu objetivo.
Pulsão de vida	Pulsões de autoconservação (ou do ego). Pulsões sexuais. Princípio do prazer. Modo conjuntivo: promove união, agrega, é construtiva, produz coesão. O objetivo da pulsão de vida não é evitar que a morte ocorra, e sim evitar que ocorra de forma não natural.
Pulsão de morte	Pulsões de autodestruição. Além do sexual. Além do princípio do prazer, (gozo) aponta para a morte. Modo disjuntivo: promove a separação, a desagregação, a desorganização.
Fusão e desfusão das pulsões	Pulsão de vida e pulsão de morte podem se misturar em proporções variadas. Conforme a pulsão de vida se retrai, emerge a pulsão de morte.
Primeira tópica: inconsciente, pré-consciente e consciente	Características do inconsciente: atemporalidade, indestrutibilidade. Admite a coexistência de opostos e suas manifestações são lacunares. Exemplos: sonhos, atos falhos, chistes, sintomas. Características do pré-consciente: é dimensionado pela sua riqueza, espessura e fluidez. Pode ser acessado pela consciência com relativa facilidade porque lida com representação de palavras. Características do consciente: acessível e em contato direto com a realidade externa e interna. Faz os registros temporários em contato com os sistemas perceptivos.
Segunda tópica: Id, Ego e Superego	O Id: é um conjunto de conteúdos de natureza pulsional e de ordem inconsciente. É o polo psicobiológico da personalidade. Reina o princípio do prazer e portanto o processo primário – energia livre. Não existe o princípio da não contradição. É atemporal e indestrutível. O Ego: surge como uma instância que se diferencia a partir do Id. É a instância central e está a serviço da autoconservação na medida em que tenta conciliar as exigências procedentes do Id, do Superego e do mundo exterior – princípio da realidade – energia ligada – processo secundário. É o polo defensivo da personalidade. O Superego: resulta da interiorização das exigências e das proibições parentais. Representante psíquico das instâncias sociais. Consciência moral, formação de ideais, normas e valores. É o herdeiro do complexo de Édipo, com a internalização de normas e valores.

Os três tempos da construção da subjetividade		
1º tempo	**2º tempo**	**3º tempo**
Amor	Entrada do pai	Simbolização da castração
Narcisação	Desestabilização da célula narcísica	Metáfora paterna
Relação dual mãe-bebê	Pai = falo	Inscrição do Nome-do-Pai
Célula narcísica	Pai = Lei	Inserção na cultura
Função materna	Incidência da castração imaginária	A Lei não é a mãe, não é o pai; a Lei é a cultura (Lei desprendida de seus representantes)
Criação da base de satisfação	Pai terrível	Pai, mãe, bebê, falo→inseridos no simbólico
Bebê = falo		Castração simbólica
Mãe = Lei		Pai simbólico
Mãe: é o outro e o Outro		

Estádio do espelho	Designa um momento psíquico e ontológico da evolução do bebê, entre 6 e 18 meses de vida, durante o qual a criança antecipa o domínio sobre sua unidade corporal através de uma identificação com a imagem do semelhante e da percepção de sua própria imagem num espelho.
Real, Imaginário, Simbólico	Real: designa uma realidade fenomênica que é imanente à representação e impossível de simbolizar. É composto dos significantes rejeitados do simbólico. Imaginário: designa aquilo que se relaciona com a imaginação, com a representação de coisas em pensamento, independentemente da realidade. O imaginário é o lugar do eu, com seus fenômenos de ilusão, captação e engodo. Simbólico: designa um sistema de representação fundado na linguagem, isto é, em signos e significações que determinam o sujeito, permitindo-lhe referir-se a ele, consciente e inconscientemente, ao exercer sua faculdade de simbolização.
Objeto a	Designa o objeto desejado pelo sujeito e que se furta a ele. Não representável, "resto" não simbolizável. Aparece como uma "falha-a-ser", ou de forma fragmentada, através de quatro objetos parciais desligados do corpo: o seio, as fezes, a voz e o olhar.

Castrações e idades aproximadas						
Gestação	**Nascimento**	**3 meses Gestação extraute-rina**	**6 meses a 2 anos**	**3 anos**	**4 anos**	**5 a 7 anos**
Relação fusional	**Castração umbilical**		**Castração oral (gradativa: de 6 meses a 2 anos)**	**Castração anal**	**Castração fálica ou primária**	**Castração edípica ou secundária**
Comunicação interpsíquica Vida aquática Respiração e diges-tão passivas Experiências emocionais modi-ficam a estrutura cerebral.	Perda dos envoltórios, da ali-mentação e respiração passivas Passagem da vida aquática para a vida aérea Castrado o umbigo, o alimento passa a vir pela boca. Importância do banho, da música, do manhês, do colo seguro, do toque e da voz e da presença do pai.		A castração oral priva progressivamente o bebê do seio. Deve ser acompanhada de palavras e de novas formas de suprir a necessidade para que a boca fique mais disponibilizada para a linguagem. Suspende-se um tipo de alimentação corpo a corpo com a mãe. A boca fica mais disponível para falar e para desejar para além do corpo materno.	Fim do parasitismo. O interesse pelo excremento tem que se deslocar para as ativi-dades criativas, para um fazer lúdico e novas trocas com o outro. Suspende-se a depen-dência física no tocante às necessidades, ao vestir-se etc. Ganha em autonomia e trocas lúdicas com o outro.	Encaminha para o Édipo Refere-se à des-coberta do pênis/ ausência do pênis. Meninas não têm pênis e meninos não têm filhos. Meninos: brincadeiras de armas, perfuração, emissão. Meninas: Querem agradar, falar, atrair para si.	A menina tem forças de atrair para si, e o menino forças mais emissivas e de perfuração. A proibição do incesto faz a menina entrar no Édipo: vai rivalizar com a mãe para atrair o pai. A proibição do inces-to faz o menino sair do Édipo: faz o luto pela identificação com seu primeiro objeto de amor (a mãe).

Imagem inconsciente do corpo	É uma memória inconsciente das vivências relacionais precoces. A comunicação sensorial e a fala são os dois substratos da imagem do corpo. A simples experiência sensorial só instrui o esquema corporal e não estrutura a imagem do corpo. A fala, portanto, é o organizador que permite o cruzamento do esquema corporal com a imagem do corpo. Viver num esquema corporal, com vitalidade orgânica, sem uma imagem do corpo, lugar de desejo, equivale a viver mudo, solitário, fragmentado.
Aspectos dinâmicos da imagem inconsciente do corpo	Imagem de base: associada à imagem fetal, ao desejo de sobrevivência, às primeiras relações. É constitutiva do narcisismo fundamental. Qualquer ameaça à imagem de base é sentida como fatal e perturba a sensação de continuidade de ser (principais registros: cardiorrespiratórios, digestivos e órgãos dos sentidos). Se sua integridade for ameaçada, surgem graves perturbações psicorgânicas, lesionais. Imagem funcional: imagem estênica de um sujeito em busca da realização de seus desejos. Enriquecem-se as buscas relacionais. Se a imagem funcional é atingida, acontecem alterações funcionais, humorais e neuromusculares, com efeitos desregradores da homeostase e do tônus. Imagem erógena: focaliza o prazer e o desprazer, com intenções emissivas ou receptivas (representadas por traços, círculos, orifícios, esferas e similares). Se a imagem erógena é atingida, pode acontecer enfraquecimento, ou ao contrário, superexcitação do desejo, havendo perturbações no esquema corporal. Imagem dinâmica: liga as três anteriores e corresponde ao desejo de ser e de perseverar num advir: o sujeito no direito de desejar.
Aspectos da imagem inconsciente do corpo	Aspecto estrutural: articulação dinâmica da imagem de base, da imagem funcional e da imagem erógena. Aspecto genético: a imagem se constrói e se reformula através do tempo. Aspecto relacional: a imagem do corpo só se estrutura a partir de uma relação linguageira com o outro. Qualquer comprometimento nas relações intersubjetivas na primeira infância provoca efeitos invalidantes.

Castrações simboligênicas	Promovem simbolização. Implicam em uma privação de um modo de obtenção do prazer anteriormente conhecido para alcançar outros modos de satisfação, abandonando circuitos curtos em direção a circuitos longos, cada vez menos ligados ao corpo materno, e em direção a modos mais elaborados e em direção ao outro e à cultura. Uma castração que é uma frustração deixa de ser simboligênica. As castrações só são simboligênicas se a privação do modo de satisfação no qual a criança se encontra é acompanhada de palavras e se ela já obteve a satisfação necessária dentro desse modo de se vincular e se comunicar.
Ego ideal, ideal do Ego e Superego	Ego ideal: antes do Édipo. É normalmente representado pela mãe ou pelo pai, ou por ambos. É estruturante e narcisante. Ideal do Ego: com o Édipo, há uma mudança na economia libidinal. Não pode ser representado por uma pessoa, e sim por iniciativas criadoras. Superego: herdeiro da renúncia ao desejo incestuoso, impele o sujeito para a criação de laços extrafamiliares, para realizações profissionais e culturais. É uma instância recalcadora e repressiva, e, na medida certa, necessária à saúde mental e ao processo de socialização. Riscos do não desligamento edipiano: o desejo vai se harmonizar mais com um Ego ideal sedutor (personificado) do que com um ideal de Ego. Permanece um Eu infantil, presa fácil de relacionamentos "vampiróides".
Concepções sobre a vida fetal e precoce e sobre as maternagens e paternagens patologizantes	O bebê é, mesmo na vida intrauterina, um ser de fala, de comunicação, ativo e receptivo. As experiências afetivas interferem nas expressões dos genes e na conectividade cerebral. O recém-nascido precisa das referências sensoriais que conhecia – minimizar os danos quando alguma separação for inevitável. Comunicação interpsíquica e sensório-motora e de trocas de palavras musicalizadas e acompanhadas das mímicas faciais afetivas (tablets e similares não fazem isso). Como os bebês não dispõem da fala, é por meio de disfunções psicossomáticas, entre elas digestivas, respiratórias, dermatológicas, do sono, que exprimem suas dificuldades. Na vida adulta, voltamos a essa forma de comunicação cada vez que não conseguimos expressar em palavras e com nosso "agir expressivo" o que estamos sentindo. O bebê precisa de palavras desde a vida fetal. Ele recebe as emoções maternas e se estrutura a partir delas. Precisamos, desde sempre, de palavras que organizem nossas percepções e nossos sentimentos. Maternagens, paternagens e demais relações que não promovam isso, mesmo na vida adulta, são patologizantes. Percepções auditivas, olfativas, táteis, gustativas e visuais vão se armazenando no entrecruzamento com afetos e palavras, formando uma base de satisfação e constituindo o narcisismo fundamental e depois o narcisismo primário. O corpo é um lugar relacional, não se reduz aos automatismos orgânicos.

As pulsões	Em que consiste a castração	Sinais de entrave	O que fazer
Orais	Ofertar novos objetos de satisfação e palavras e efetivar o desmame progressivo.	Atraso na aquisição da linguagem. Disfunções. Sinais de risco de evolução autística, psicótica, psicossomática ou de núcleos traumáticos que se manifestarão no futuro.	Trabalhar a relação mãe-bebê e incluir o terceiro na relação para moderar as pulsões maternas. Desmamar progressivamente a mãe de seu bebê e o bebê de sua mãe.
Anais	Ofertar substitutos das matérias excrementícias e extinguir progressivamente o "parasitismo".	Complicações na aquisição do controle esfincteriano. Dificuldades dos adultos de lidar com as necessidades de autonomia e de criatividade da criança.	Promover a autonomia. Canalizar a agressividade. Capacitar os pais para lidarem com o oposicionismo e a necessidade de descobrir, criar e socializar. As mãos devem trabalhar para que a criança não fique presa nos interesses esfincterianos. Criança ocupada com as mãos ouve, presta atenção.
Fálicas	Interromper as relações de sedução com os genitores, promovendo a ampliação da socialização.	Dificuldade de aceitação de limites e dificuldades de aprendizagem. Fobias. Sinais de risco de evolução perversa.	Capacitar os pais para colocar regras claras e dialogadas, que façam sentido e sejam respeitadas por todos. Pais não podem ser autoritários. Eles têm que ser autoridade.
Genitais	Impedimento dos afetos incestuosos e permissão para os vínculos amorosos fora da família.	Pais e escolas digestivas. Entraves nas castrações anteriores. Dificuldades com a sexualidade, com a socialização para além da família e com a expressão das potencialidades.	Identificar sinais de entraves nas fases anteriores e mediar a transição para a fase genital. Os relacionamentos devem significar crescimento mútuo e não sistemas de vampirismo, parasitagem, dominação/submissão. Romper com alguns ideais paternos para construir os próprios ideais, o que pode exigir um suporte aos pais também.

CONTRIBUIÇÕES DE SPITZ

Organizadores da personalidade	Primeiro organizador psíquico: o sorriso social Segundo organizador psíquico: a angústia do 8º mês (reação ao estranho, angústia de separação) Terceiro organizador psíquico: o domínio do uso do "não"
Estágios do desenvolvimento	Estágio pré-objetal ou sem objeto – até 3 meses aproximadamente: indiferenciação eu-não eu, dentro-fora, mundo interno-mundo externo (gestação extrauterina) Estágio precursor do objeto – 3 a 8 meses aproximadamente: primeiros rudimentos do eu, primeira relação pré-objetal ainda indiferenciada Estágio do objeto libidinal a partir de 8 meses aproximadamente: ocorre a angústia da perda do objeto, o que é um importante indicador de que o bebê passou a entender que a mãe e ele são dois seres diferenciados. Diferenciação eu-não eu.

Classificação etiológica das doenças psicogênicas na primeira infância correspondentes às atitudes maternas	
Deficiência (maiores determinantes: quantitativos)	**Doenças da criança**
Privação emocional parcial	Depressão anaclítica – depressão que representa a gravidade da separação materna
Privação emocional completa	Marasmo ou hospitalismo
Personalidade da mãe (maiores determinantes: qualitativos)	**Doenças da criança**
Rejeição primária manifesta	Coma do recém-nascido
Superpermissividade ansiosa primária	Cólica dos três primeiros meses
Hostilidade disfarçada em ansiedade	Eczema infantil
Oscilação entre mimo e hostilidade	Hipermotilidade (balanço)
Oscilação cíclica do humor	Manipulação fecal
Hostilidade conscientemente compensada	Hipertimia agressiva – altas temperaturas corporais sem controle

Fases e idades aproximadas	Características
Fase da dependência absoluta: 0 a 6 meses	Na mente do bebê, ele e o meio são uma coisa só. A mãe suficientemente boa representa o meio suficientemente bom. A mãe suficientemente boa se identifica com seu bebê e faz adaptações de acordo com as necessidades físicas e psíquicas dele, enquanto a mãe insuficientemente boa não consegue responder aos gestos espontâneos e necessidades do bebê, substituindo-os pelos seus, e o bebê não consegue confiar nem prever as condutas para com ele. A angústia relativa a essa fase é portadora de uma ameaça de aniquilamento e esfacelamento.
Fase da dependência relativa: 6 meses a 2 anos	Adquire a capacidade de reconhecer as pessoas e os objetos como parte da realidade externa. Do lado da mãe: ela retoma gradativamente a sua vida e introduz modificações também gradativas para incentivar a autonomia da criança. A criança reconhece a mãe dos momentos de calma e a mãe dos momentos de tensão pulsional. É preciso que a mãe cuide da criança com a mesma atenção e carinho nesses diferentes momentos de calma e de tensão para que esses aspectos sejam integrados e a criança sinta que a experiência de uma excitação não é destrutiva nem desestruturante. A angústia relativa a essa fase é a angústia depressiva. Em função da angústia depressiva e da culpa, a criança se empenha em atividades de reparação e restauração.
Fase da independência relativa: 2 anos em diante	A partir dos 2 anos, ao adaptar-se à realidade, a criança desenvolve meios para prescindir do cuidado materno, progressivamente. Para Winnicott, a independência nunca será absoluta, mas caminha sempre em direção a uma maior autonomia e interação saudável e mútua com o meio.

Três processos para o desenvolvimento	Integração: capacidade para viver a integração do *self* como uma unidade Personalização: adquirir a sensação de que o corpo aloja o verdadeiro *self* Realização: relação do bebê com a realidade
Mãe-ambiente	No início o bebê percebe a mãe como seu ambiente, que precisa ser suficientemente bom. O modo como a mãe cuida de seu bebê, fala com ele e o aconchega é fundamental para a constituição do verdadeiro *self*. Para que as tendências à integração, personalização e realização se concretizem são necessárias três funções por parte de quem exerce a maternagem: *holding* (sustentação), *handling* (manejo) e apresentação de objetos.
***Holding, handling* e apresentação de objeto**	*Holding*: refere-se à sustentação, tanto no sentido de um colo seguro como também à sustentação psíquica, para que o bebê possa desenvolver gradativamente suas funções psíquicas. *Handling*: permite ao bebê realizar a união entre sua vida psíquica e seu corpo. Apresentação de objeto: apresentar o objeto oral e gradativamente o mundo, de forma a gerar sensações de continuidade, previsibilidade e confiabilidade no ambiente.
O medo do colapso que já aconteceu	O colapso, cujo medo destrói e limita a vida, já aconteceu, num momento em que "o sujeito não estava lá", e por isso não pôde integrar, significar essa experiência do colapso. O ego era imaturo demais para integrar a disruptura e isso deixa marcas indeléveis das sensações de agonia e desespero. Antes da diferenciação eu-não eu, os registros sensório-perceptivos armazenados na memória implícita, que pode operar sem palavras, constituem os rudimentos a partir dos quais o ego irá se formar. "O ego é antes de tudo corporal". (Freud) Quando o bebê foi exposto a experiências de descontinuidade, imprevisibilidade e falta de confiança no ambiente, isso se traduz para ele como ameaça à vida e desespero. Essa experiência original do desespero não pode cair no passado a menos que possa ser conectada com as representações dela em palavras e símbolos, ou seja, com a produção de sentido. O não sentido tem valor de trauma.

Epigenética	O ambiente, incluindo o ambiente social e as experiências afetivas, modula a expressão dos genes e interfere na maturação cerebral. Os cuidados no início da vida criam marcas epigenéticas para a vida toda. Comprometimentos na formação dos vínculos afetam a maturação neurológica e a conectividade cerebral.
A sedução do olhar, o olho--mão-corpo-voz-ritmo, a identidade e a organização cerebral	Neurofísica: proliferação de neurônios no córtex límbico-órbito-frontal: sede do relacionamento vinculativo social, do comportamento emocional e do controle autonômico Neuroquímica: produção de neurotransmissores específicos de acordo com a experiência interativa Neuropsíquica: a qualidade e a continuidade da interação são as organizadoras do cérebro.
A experiência e as conexões cerebrais	As experiências repetidas: quando uma experiência ativa um caminho neural, são produzidos determinados neurotransmissores nas fendas sinápticas. A experiência interativa ativa e conecta diversas áreas, entre elas as áreas ligadas ao aprendizado social e à memória e outras ligadas às emoções e ao comportamento. Ao nascer, estão bem mielinizadas as estruturas ligadas à manutenção das funções vitais, mas a maior parte do processo acontecerá após o nascimento, em decorrência das experiências afetivo-sensoriais.
Interfaces	Qualquer comprometimento nas relações intersubjetivas na primeira infância provoca efeitos invalidantes. É aos poucos que a criança poderá assumir por si mesma as funções maternas introjetadas. O período de maior sensibilidade aos acontecimentos e definidor das fases seguintes, incluindo a vida adulta, é o período que vai da vida intrauterina até os 2 ou 3 anos de idade, em que a arquitetura cerebral e o aparelho mental estão se formando simultaneamente.

O cérebro se desenvolve num processo contínuo, mas o período mais ativo acontece nos primeiros anos de vida, na aquisição do sistema sensorial, da linguagem e de funções cognitivas superiores. (Center on the Developing Child at Harvard University, 2007)

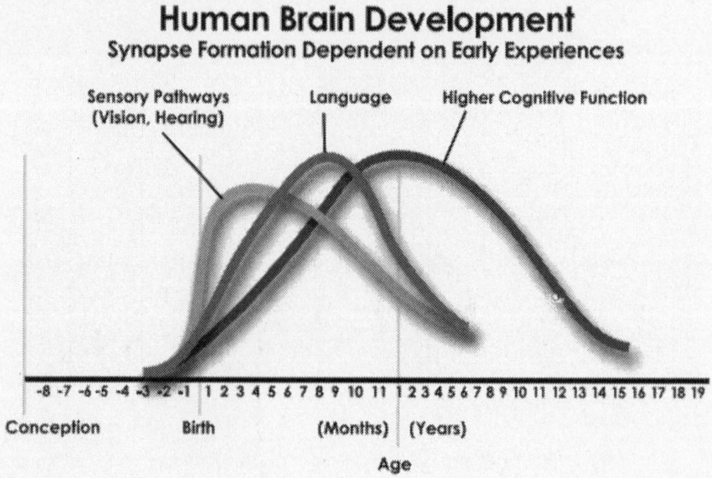

A capacidade do cérebro de mudar em resposta ao ambiente diminui ao longo do tempo, enquanto o esforço necessário para mudar aumenta.

(Center on the Developing Child at Harvard University, 2016)

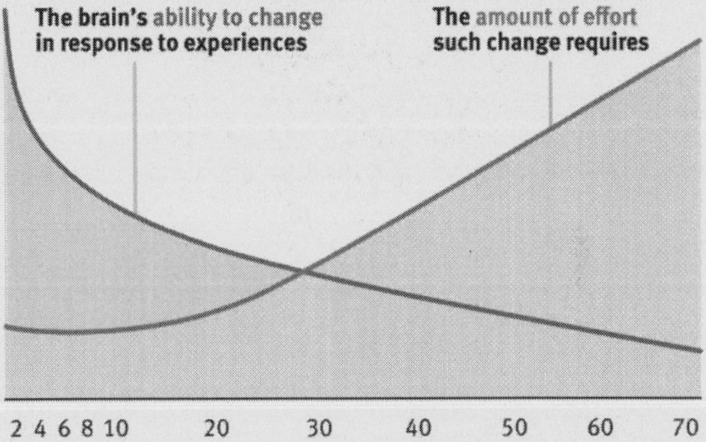

10 Considerações finais

Este livro, cujo título reflete bem o seu propósito, procurou abordar a prevenção e o tratamento do sofrimento mental desde a vida intrauterina até a vida adulta, sob uma perspectiva que articula teoria e prática clínica.

Entender o psiquismo pré-natal e o psiquismo perinatal nos permite perceber como o início da vida pode deixar *imprints* para a vida toda. Para a psicanálise, que se ocupa de especial maneira da linguagem, é fundamental compreender o psiquismo e seu funcionamento antes e depois da aquisição da linguagem, pois a abordagem clínica dos transtornos cuja origem se situa antes ou depois desse referencial apresenta diferenças cruciais.

Muitas das formulações propostas neste livro talvez não fossem possíveis sem os avanços das neurociências e dos conhecimentos relativos à sua interface com a psicanálise, pois em parte vem deste campo a fundamentação para as conexões entre os processos de construção da subjetividade e os processos de construção da arquitetura e da conectividade cerebrais, permitindo-nos compreender as correlações desses processos com as patologias ao longo da vida.

Contando também com as contribuições de vários autores da psicanálise, neste trabalho foram elucidados os principais marcadores clínicos decisivos para o estabelecimento das diretrizes clínicas de tratamento. Eles constituem referenciais de suma importância para o raciocínio clínico.

O detalhamento desses marcadores clínicos e suas implicações para a prática clínica procura deixar claras as conexões entre os sofrimentos precoces e as patologias ao longo da vida.

Demos especial valor ao intuito de produzirmos uma obra que contemplasse alguns dos principais problemas da atualidade na área da saúde mental: as depressões, as ansiedades e o suicídio, mantendo nossa preocupação em articular permanentemente a teoria e a prática clínica.

Na discussão sobre a clínica da depressão, demos especial ênfase às questões relativas ao abandono, à submissão, à despersonalização e ao *helplessness*.

Na abordagem sobre as ansiedades, apresentamos como as experiências precoces de descontinuidade, imprevisibilidade e não confiabilidade no ambiente podem contribuir, junto a outras condições típicas da pós-modernidade, para o aparecimento dos transtornos ansiosos no futuro.

Sobre o suicídio, consideramos de suma importância para a prática entendermos os diversos sentidos que ele pode engendrar, pois a condução clínica com os pacientes em risco de autoextermínio pode variar em função desses sentidos.

Vimos como as maternagens e as paternagens patologizantes podem potencializar adoecimentos psíquicos e psicossomáticos, oferecendo elementos para pensarmos abordagens preventivas e de intervenção precoce, bem como nos colocar diante da tarefa fundamental de ofertarmos, para aqueles que já adoeceram, as conexões que faltam entre a experiência precoce vivida e as sensações e sentimentos atualizados no sofrimento que nos trazem. É na relação analítica, pela palavra e pelo manejo acertado da transferência, que podemos operar alguma mudança no sentido de retirar o sujeito da repetição mortífera e colocá-lo diante de novas possibilidades em relação a seus desejos, mais atreladas à pulsão de vida e ao prazer de viver.

Nesta obra procuramos deixar contribuições relevantes para aqueles que se propõem a trabalhar, no cotidiano de suas clínicas, com esses pacientes cujas problemáticas principais se situam bem anteriormente às problemáticas edípicas, referindo-se muito mais às problemáticas relativas à constituição do narcisismo e em especial anteriores à aquisição da linguagem, sabendo que isso exigirá de nós um manejo muito diferente da transferência daquele praticado na clínica das patologias pós-edípicas. Esta obra é, então, especialmente dirigida aos psicanalistas, profissionais ou em formação, aos profissionais e estudantes da educação, da psicologia e demais áreas da saúde, especialmente da pediatria.

Estamos no século XXI, terceiro milênio, e não é de se esperar que a clínica seja a mesma do século XX. Novas formas de subjetivação, novas ordenações simbólicas e novos modos de apresentação da dor e do sofrimento surgem diante de nós e nos chamam a trabalhar. Não nos cabe recuar. O que nos cabe é nos havermos com nossas próprias mudanças, com as mudanças do mundo e com as mudanças daquele que sofre e precisa de nós. As nossas bússolas principais, no entanto, continuam as mesmas: o desejo e a ética.

Orientados por essas mesmas bússolas, o desejo e a ética, e com a mesma preocupação que atravessou a construção desta obra, no sentido de priorizar as articulações entre a teoria e a prática e as conexões entre as experiências precoces e as patologias ao longo da vida, aprofundaremos, em breve, a discussão sobre outros sofrimentos muito frequentes na atualidade: as manifestações psicossomáticas e as patologias do vazio.

E assim concluímos esta obra: com a certeza de que há ainda muito por dizer, mas principalmente por escutar. A escuta clínica e o manejo acertado da transferência são nossas principais fontes de inspiração e desafio, e, junto à nossa formação permanente, são um convite para continuarmos nessa belíssima e delicada tarefa que é analisar. Um privilégio vai ainda além: poder transmitir, nesta obra e nas que estão já à espera, uma parte dos resultados dessa aventura.

Referências bibliográficas

ASSAD, Samyra; FERREIRA, Jaqueline (orgs.). *Encontros com Célio Garcia*. Belo Horizonte: Editora d'ISS, 2019.

AUBRY, Jenny. *Psicanálise de crianças separadas:* estudos clínicos (1952-1986). Rio de Janeiro: Companhia de Freud, 2004.

BARROS, Manoel de. *Poesia completa*. São Paulo: Leya, 2010.

BAUMAN, Zygmunt. *Modernidade líquida*. Rio de Janeiro: Jorge Zahar, 2007.

BIRMAN, Joel. *Mal-estar na atualidade:* a psicanálise e as novas formas de subjetivação. 8ª ed., Rio de Janeiro: Civilização Brasileira, 2011.

BLEICHMAR, Hugo. *Introdução ao estudo das perversões:* teoria do Édipo em Freud e Lacan. Porto Alegre: Artes Médicas, 1988.

BUSNEL, Marie Claire; SOUSSUMI, Yusaku; CUNHA, Iole da. *Relação mãe-feto:* visão atual das neurociências. São Paulo: Casa do Psicólogo, 2002.

CENTER ON THE DEVELOPING CHILD AT HARVARD UNIVERSITY. *A Science-Based Framework for Early Childhood Policy:* Using Evidence to Improve Outcomes in Learning, Behavior, and Health for Vulnerable Children. Cambridge, 2007. Disponível em: http://www.developingchild.harvard.edu. Acesso em 29 mai. 2022.

__________. *From Best Practices to Breakthrough Impacts:* A Science-Based Approach to Building a More Promising Future for Young Children and Families. Cambridge, 2016. Disponível em: http://www.developingchild.harvard.edu. Acesso em 29 mai. 2022.

CUNHA, Iole da. A revolução dos bebês: aspectos de como as emoções esculpem o cérebro e geram os comportamentos no período pré e perinatal. *Psicanalítica*, Rio de Janeiro: Sociedade Psicanalítica do Rio de Janeiro, v.2, n.1, p. 102-128, 2001.

DELOUYA, Daniel. *Depressão*. 3ª ed., São Paulo: Casa do Psicólogo, 2003.

DIEGUES, Douglas. Viagem a las fontes selvagens de Manoel de Barros. *Revista Cult*, São Paulo, 19 dez. 2016. Disponível em: https://revistacult.uol.com.br/home/uma-homenagem-ao-centenario-do-poeta-manoel-de-barros/. Acesso em: 29 mai. 2022.

DOLTO, Françoise. *A dificuldade de viver:* o psicanalista e a prevenção das neuroses. Porto Alegre: Artes Médicas, 1988.

_________. *Quando os filhos precisam dos pais:* resposta a consultas de pais com dificuldades na educação dos filhos. São Paulo: Martins Fontes, 2012.

_________. *A imagem inconsciente do corpo*. 3ª ed., São Paulo: Perspectiva, 2017.

_________. *Psicanálise e pediatria*. 4ª ed., Rio de Janeiro: Guanabara Koogan, 2018.

FERRAZ, Flávio Carvalho. *Tempo e ato na perversão*. São Paulo: Casa do Psicólogo, 2005.

FERREIRA, Severina Sílvia. Preaut Brasil: estudo e pesquisa em autismo (eixo Recife-PE): o que é a pesquisa Preaut? Recife, 2013. Disponível em: https://silo.tips/download/preaut-brasil-estudo-e-pesquisa-em-autismo-eixo-recife-pe-i-o-que-e-a-pesquisa-p. Acesso em: 22 mai 2022.

FRANCO, Luiza. Investir em educação para a primeira infância é melhor 'estratégia anticrime', diz Nobel de Economia. *BBC News Brasil*, 21 mai 2019. Disponível em: https://www.bbc.com/portuguese/geral-48302274. Acesso em: 22 mai 2022.

FREITAS, Vanessa Gontijo de. *Obesidade infantil:* da falta de amor à fome de amor. Divinópolis: Gulliver, 2017.

GARCIA-ROZA, Luiz Alfredo. *Freud e o inconsciente*. 4ª ed., Rio de Janeiro: Jorge Zahar, 1988.

JERUSALINSKY, Alfredo (org.). *Dossiê autismo*. São Paulo: Instituto Langage, 2015.

KEHL, Maria Rita. Nos braços do papai. *Mente e Cérebro. Especial A mente do bebê*, São Paulo, vol. 2, p. 36-41, 2006.

LAZNIK, Marie-Christine. *A voz da sereia:* o autismo e os impasses na constituição do sujeito. Salvador: Ágalma, 2013.

________; COHEN, David (orgs.). *O bebê e seus intérpretes:* clínica e pesquisa. São Paulo: Instituto Langague, 2011.

LEDOUX, Michel-Henri. *Introdução à obra de Françoise Dolto.* Rio de Janeiro: Jorge Zahar, 1991.

LENT, Roberto. *Cem bilhões de neurônios:* conceitos fundamentais de neurociência. 2ª ed., São Paulo: Atheneu, 2010.

LUSTOZA, Rosane Zétola; CALAZANS, Roberto. Alcance e valor do Nome-do-Pai atualmente: algumas considerações. *Psicologia em Estudo,* Maringá, v. 15, n. 3, p. 557-565, jul./set. 2010

MACHADO, Cecília. Primeira infância perdida. *Folha de São Paulo,* São Paulo, 12 out. 2021. Disponível em: https://acervo.folha.com.br/leitor.do?numero=49696&keyword=%22E+durante+os+primeiros+anos+de+vida+que+o+desenvolvimento+cerebral+se+da+de+forma+mais+rapida.%22&anchor=6443163&origem=busca&originURL=&pd=caac0e227adb683f7a4c622b9a57933d. Acesso em: 22 mai 2022.

MATOS, António Coimbra de. *Mais amor menos doença:* a psicossomática revisitada. 2ª ed., Lisboa: Climepsi, 2012.

MAZET, Philippe; STOLERU, Serge. *Psicopatologia do lactente e da criança pequena.* Lisboa: Climepsi, 2003.

McDOUGALL, Joyce. *Em defesa de uma certa anormalidade:* teoria e clínica psicanalítica. 2ª ed., Porto Alegre: Artes Médicas, 1987.

MEIRELES, Marilucia Melo. *Anomia:* ruptura civilizatória e sofrimento psíquico. 2ª ed., São Paulo: Casa do Psicólogo, 2012.

NASIO, Juan-David. *Introdução às obras de Freud, Ferenczi, Groddeck, Klein, Winnicott, Dolto, Lacan.* Rio de Janeiro: Jorge Zahar, 1995.

________. *A Dor de amar.* Rio de Janeiro: Jorge Zahar, 2007.

________. *Os Olhos de Laura:* somos todos loucos em algum recanto de nossas vidas. Rio de Janeiro: Jorge Zahar, 2011.

PEREIRA, Mário Eduardo Costa. *Pânico e o desamparo:* um estudo psicanalítico. São Paulo: Escuta, 2008.

PINHEIRO, Teresa. *Ferenczi*. São Paulo: Casa do Psicólogo, 2016.

POMMIER, Gérard. *Cómo las neurociencias demuestran el psicoanálisis*. Buenos Aires: Letra Viva, 2010.

PRAZERES, Vera Lúcia Silva. Subjetividade e adoecimento: implicações para a formação em saúde. *Revista Científica da Faminas*, Muriaé, v.2, n.3, p. 27-32, set.-dez 2006.

RAPPAPORT, Clara Regina; HASSAN, Sara Elena; MOLLOY, Carmen Savorani. *Psicanálise:* Introdução à práxis Freud e Lacan. São Paulo: Editora Pedagógica e Universitária, 1992.

ROUDINESCO, Elisabeth; PLON, Michel. *Dicionário de psicanálise*. Rio de Janeiro: Jorge Zahar, 1998.

SAMI-ALI. *Manual de terapias psicossomáticas*. Porto Alegre: Artmed, 2004.

SPITZ, René A. *O primeiro ano de vida:* um estudo psicanalítico do desenvolvimento normal e anômalo das relações objetais. 6ª ed., São Paulo: Martins fontes, 1991.

VERNY, Thomas. *A vida secreta da criança antes de nascer*. São Paulo: C.J. Salmi, 1989.

VOLICH, Rubens Marcelo. *Psicossomática:* de Hipócrates à psicanálise. 7ª ed., São Paulo: Casa do Psicólogo, 2010.

WINNICOTT, Donald Woods. *Explorações Psicanalíticas*. Porto Alegre: Artmed, 1994.

________. *Tudo começa em casa*. 2ª ed., São Paulo: Martins Fontes, 1996.

________. *Da pediatria à psicanálise*: obras escolhidas. Rio de Janeiro: Imago, 2000.

XAVIER, Ana Augusta Odorissi; SILVA, Adriele Eunice da. O que está acontecendo com nossa saúde mental? *Revista Com-Ciência*, 5 fev. 2020. Disponível em: https://www.comciencia.br/o-que-esta-acontecendo-com-nossa-saude-mental. Acesso em: 22 mai 2022.

A autora

Vera Lúcia Silva Prazeres é psicóloga formada pela Universidade Federal de Minas Gerais e especialista em Psicologia Clínica e Psicologia Hospitalar. Foi professora universitária no curso de Psicologia por 12 anos, onde atuou também como supervisora e coordenadora de estágios, e no curso de Fisioterapia, com a disciplina psicologia aplicada à fisioterapia. É psicanalista e supervisora clínica da Freuden – Clínica, consultoria, ensino e pesquisa.

Tem vasta experiência clínica em consultório e em hospitais, instituições para bebês, crianças, adultos e idosos e como supervisora em variados locais de atuação, além de trabalhar com a orientação a pais. Ministra cursos e palestras nas áreas de Psicanálise, Psicossomática, Prática Clínica e Intervenções Clínicas com Bebês. Também orienta grupos de estudos baseados no princípio de que é possível aprender com a própria experiência e com a experiência do outro, ampliando a visão sobre as abordagens possíveis no atendimento a bebês, crianças, adolescentes e adultos, numa diversidade clínica própria dos tempos atuais.

Em 30 anos de atuação e de formação continuada, com participação em congressos e atualizações clínico-científicas, desenvolveu uma percepção apurada e um estilo próprio, marcados pela interlocução entre diferentes bases teóricas relevantes para a prática clínica, pela permanente articulação entre teoria e prática e pela vivência rica da clínica com pacientes em diversas etapas da vida.

Coleção Clínica Psicanalítica

Artesã Editora –Títulos publicados

A cena hospitalar: psicologia médica e psicanálise
Alfredo Simonetti

Adicções
Decio Gurfinkel

Adoção
Gina Khafif Levinzon

Adolescência
Tiago Corbisier Matheus

Autorização e angústia de influência em Winnicott
Wilson Franco

Borderline
Mauro Hegenberg

Cena incestuosa
Renata Udler Cromberg

Clinicar na atualidade
Vera Lúcia Silva Prazeres

Complexo de Édipo hoje?
Nora B. Susmanscky de Miguelez

Corpo – Em breve
Maria Helena Fernandes

Entrevistas preliminares em psicanálise – Em breve
Fernando Rocha

Estresse
Maria Auxiliadora de A. C. Arantes, Maria José Femenias Vieira

Histeria
Silvia Leonor Alonso, Mario Pablo Fuks

Narcisismo e vínculos
Lucía Barbero Fuks

Neurose obsessiva
Rubia Delorenzo

Orientação profissional
Maria Stella Sampaio Leite

Paranoia
Renata Udler Cromberg

Psicanálise da família
Belinda Mandelbaum

Psicopatia
Sidney Kiyoshi Shine

Psicoterapia breve psicanalítica
Mauro Hegenberg

Psicoterapia breve psicanalítica de casal
Mauro Hegenberg

Trabalho do negativo
Vera Lamanno-Adamo

Transexualidades
2ª edição – Em breve
Paulo Roberto Ceccarelli

Transtornos de pânico
Luciana Oliveira dos Santos

Violência – Em breve
Maria Laurinda Ribeiro de Souza

Violência e masculinidade
– Em breve
Susana Muszkat

Coleção Clínica Psicanalítica

Casa do Psicólogo/Pearson – Titulos publicados

Acompanhamento terapêutico
Maurício Porto

Acontecimento e linguagem
Alcimar Alves de Souza Lima

Amor e fidelidade
Gisela Haddad

Anomia
Marilucia Melo Meireles

Autismo
Ana Elizabeth Cavalcanti, Paulina Schmidtbauer Rocha

Autorização e angústia de influência em Winnicott
Wilson Franco

Cidade e subjetividade
Flávio Carvalho Ferraz

Clínica da exclusão
Maria Cristina Poli

Clínica do continente
Beatriz Chacur Mano

Clínica do trabalho
Soraya Rodrigues Martins

Consultas terapêuticas
Maria Ivone Accioly Lins

Crise pseudoepiléptica
Berta Hoffmann Azevedo

Crítica à normalização da psicanálise
Mara Caffé

Demências
Delia Catullo Goldfarb

Depressão
Daniel Delouya

Desafios para a técnica psicanalítica
José Carlos Garcia

Desamparo
Lucianne Sant'Anna de Menezes

Disfunções sexuais
Cassandra Pereira França

Distúrbios do sono
Nayra Cesaro Penha Ganhito

Ecos da clínica
Isabel Mainetti de Vilutis

Emergências psiquiátricas
Alexandra Sterian

Ensaios psicanalíticos
Flávio Carvalho Ferraz

Entrevistas preliminares em psicanálise
Fernando Rocha

Epistemopatia
Daniel Delouya

Escritos metapsicológicos e clínicos
Ana Maria Sigal

Esquizofrenia
Alexandra Sterian

Fairbairn
Teo Weingrill Araujo

Ferenczi
Teresa Pinheiro

Hipocondria
Rubens Marcelo Volich

Idealcoolismo
Antonio Alves Xavier, Emir Tomazelli

Imitação
Paulo de Carvalho Ribeiro e colaboradores

Incestualidade
Sonia Thorstensen

Inconsciente social
Carla Penna

Infertilidade e reprodução assistida
Marina Ribeiro

Linguagens e pensamento
Nelson da Silva Junior

Morte
Maria Elisa Pessoa Labaki

Neuroses atuais e patologias da atualidade
Paulo Ritter

Neurose traumática
Myriam Uchitel

Normopatia
Flávio Carvalho Ferraz

O tempo, a escuta, o feminino
Silvia Leonor Alonso

Perversão
Flávio Carvalho Ferraz

Pós-análise
Yeda Alcide Saigh

Problemas de linguagem
Maria Laura Wey Märtz

Problemáticas da identidade sexual
José Carlos Garcia

Psicanálise e educação
Maria Regina Maciel

Psicanálise e música
Maria de Fátima Vicente

Psicoterapia de casal
Purificacion Barcia Gomes, Ieda Porchat

Saúde do trabalhador
Carla Júlia Segre Faiman

Sintoma
Maria Cristina Ocariz

Sublimação e *unheimliche*
Alessandra Martins Parente

Tatuagem e marcas corporais
Ana Costa

Tempo e ato na perversão
Flávio Carvalho Ferraz

Término de análise
Yeda Alcide Saigh

Tortura
Maria Auxiliadora de Almeida Cunha Arantes

Trama do olhar
Edilene Freire de Queiroz

Transexualidades
Paulo Roberto Ceccarelli

Transtornos alimentares
Maria Helena Fernandes

Transtornos da excreção
Marcia Porto Ferreira

Vertentes da psicanálise
Maria Laurinda Ribeiro de Souza

FSC
MISTO
Papel
FSC® C092828

2023
CARBON NEUTRAL
SAVE

Construindo ideias
e conectando mentes

Este livro foi composto com tipografia Freight Text Pro
e impresso em papel Pólen Soft 80g.